电力客户
热点问题 100 问

深圳供电局有限公司　组编

中国电力出版社
CHINA ELECTRIC POWER PRESS

图书在版编目（CIP）数据

电力客户热点问题100问 / 深圳供电局有限公司组编 . —北京 : 中国电力出版社 , 2024.5
ISBN 978-7-5198-8810-7

Ⅰ．①电… Ⅱ．①深… Ⅲ．①电力工业－工业企业管理－营销服务－中国－问题解答 Ⅳ．① F426.61-44

中国国家版本馆 CIP 数据核字 (2024) 第 077291 号

出版发行：中国电力出版社
地　　址：北京市东城区北京站西街 19 号（邮政编码 100005）
网　　址：http://www.cepp.sgcc.com.cn
责任编辑：岳　璐　（010-63412339）
责任校对：黄　蓓　李　楠
装帧设计：郝晓燕
责任印制：石　雷

印　　刷：三河市万龙印装有限公司
版　　次：2024 年 5 月第一版
印　　次：2024 年 5 月北京第一次印刷
开　　本：710 毫米 ×1000 毫米 16 开本
印　　张：7
字　　数：104 千字
印　　数：0001—2500 册
定　　价：45.00 元

版 权 专 有　侵 权 必 究

本书如有印装质量问题，我社营销中心负责退换

《电力客户热点问题 100 问》编辑委员会

顾　　问　汤寿泉　李敏虹　王　淼　文　学　王益军
主　　编　黄　媚　林　杭
执行主编　谭　波　成　坤
成　　员　郝苓羽　骆守康　程　硕　羊积令　洪镠锴
　　　　　　周玉钏　李　扬　罗宏珊　赵　峻　柳　青
　　　　　　陈　敏　张之涵　姚杰淳　魏华杰　李　光
　　　　　　杜　龙　严　旭　李辉珍　杨京京　吴栩峰
　　　　　　刘　迪　杨祥勇　张效声　黄龙茂　周　旭
　　　　　　钟剑峰　孙文静　庄婉铃　刘军伟　区彦黛
　　　　　　王　征　周嘉政　杨善美　张　兰　陈　洁
　　　　　　赵小村　周　薇　黄志伟　刘　星　李福权
　　　　　　彭　澎　马伟哲　蔡京陶　李文沛　谢莹华
　　　　　　房超群　孙晓佳　李　铎　欧阳健　黄　冠
　　　　　　张　浩　李　涛　史帅彬　王艺衡　蔡春育
　　　　　　陈焱彬　刘传永　彭钰媛　许泽宁　张　玮
　　　　　　诸瑞靖　陈　林　刘晓莎　李小翠　龙　干
　　　　　　罗建国　吴　霜　郑伟麒　徐　惠　王婷婷
　　　　　　温儒玲　税　洁　吴秀娣　强春雨

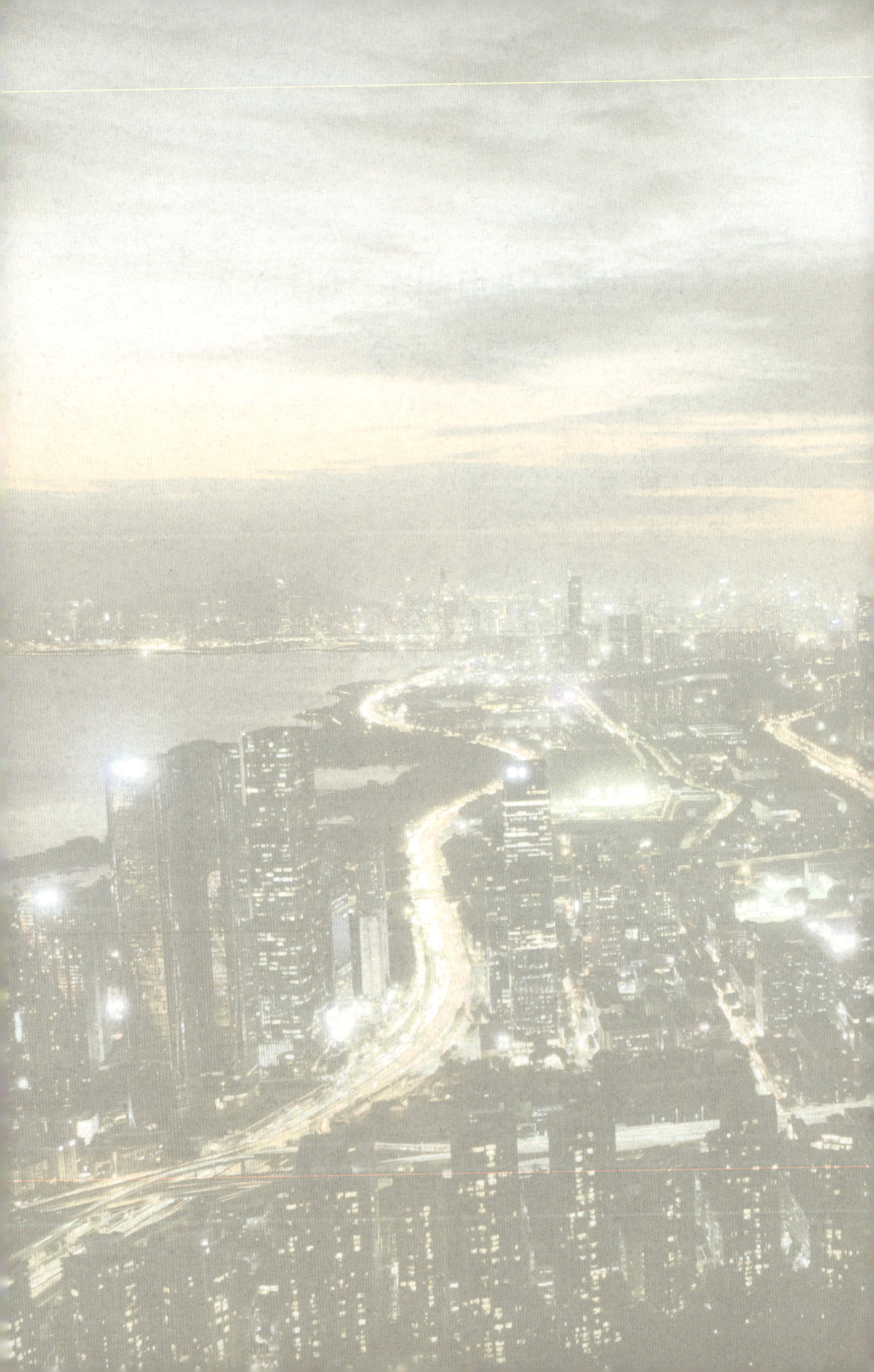

前言

当前，电力市场日新月异，供电服务处于能源转型、消费升级、促进循环经济、绿色发展、新型电力系统建设多个重点领域的前沿，供电服务也从过去"有距离"到"零距离"，从传统单一供电服务向专业化、多元化服务转变。为满足人民美好生活的电力需求，编委会精心编撰《电力客户热点问题100问》，旨在为广大读者提供全面、系统、实用、针对性强的电力知识。

本书内容涵盖营销管理、用电管理、综合能源、工程建设、电力小百科等多个方面。以深圳为例，汇集广大用电客户在电力使用过程中咨询和反映的热点问题，集结多位电力领域深耕多年的行业专家完成本书编撰工作。

本书旨在提供通俗易懂的电力知识科普和生动详实的电力服务热点内容。笔者相信，通过阅读本书，广大读者能够更好地了解电力市场和电力行业，掌握更多电力前沿资讯，更高效地解决可能遇到的电力相关问题。

希望本书能够成为读者工作和学习的重要参考，如果对本书有任何宝贵的意见或建议，敬请批评指正，我们将持续改进，为读者提供更全面的解答。

编者

2024 年 4 月

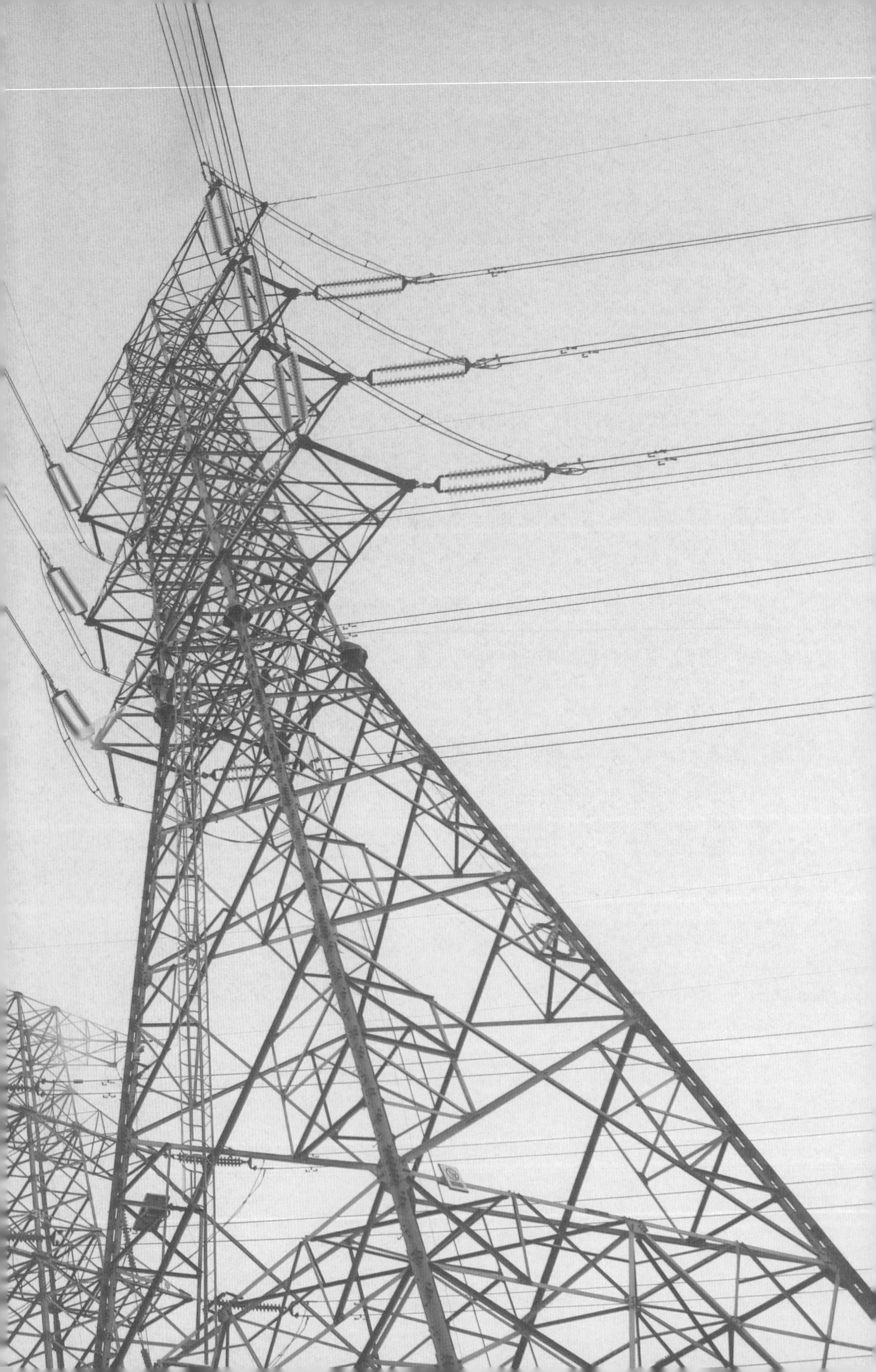

目 录

前言

一 营销管理

（一）业扩报装 ························ 2

01 用电报装需要什么资料 ···················· 3
02 办理用电新装业务如何收费 ················ 4
03 办理用电新装需要多长时间 ················ 5
04 经办人在微信、支付宝如何代业主申请报装业务 ··· 6
05 如何查询新装、增容等业务进度 ············· 6
06 临时用电是什么 ························ 6

（二）抄电表、核算及收费 ················ 7

07 供电企业营业厅的服务项目 ················ 7
08 有哪些电费缴费方式 ···················· 8
09 有哪些抄电表方式，抄电表周期和抄见电量计算是什么意思 ··· 9
10 在远程渠道缴费时显示锁定是什么意思 ········· 9
11 欠电费的规定 ························ 11
12 如何查询电费 ························ 11
13 如何申请电子账单 ······················ 11
14 如何在营业厅补打电费账单 ················ 11
15 居民电费的发票类型 ···················· 11
16 普通发票每月开具时间 ··················· 12
17 如何更改电子发票抬头 ··················· 12
18 首次开具增值税专用发票需要什么资料 ········· 12
19 有哪些方式领取增值税专用发票 ············· 12
20 如何办理免费邮寄电费增值税专用发票 ········· 13

21	如何将电费普通发票变更为增值税专用发票	14
22	政府颁布城中村出租屋用电价相关政策	14
23	申请抄电表到户需要什么条件	15
24	如何追补电量	16
25	如何核对电量	17
26	如何计算居民阶梯电价	18
27	"一户多人口"政策是什么	19
28	申请免费电的相关事项有哪些	20
29	申请合表电价需符合什么条件	21
30	居民也能申请峰谷电价吗	22
31	如何收取违约金	23
32	两部制电价是什么	24
33	工商业用户电费组成方式	24
34	力调电价是什么	26
35	尖峰电价是什么	27
36	商务类公寓/商业类住宅，应执行什么电价	30
37	高供高计是什么	30
38	高供低计是什么	30
39	最大需量是什么	30
40	如何计算蓄冰电价	31
41	安装蓄冰空调的好处	31
42	代理购电是什么	31

（三）用电变更 ········ 33

43	办理用电变更业务是否需要收费	36
44	如何办理销户手续	36

（四）电能计量 ········ 37

45	电表有哪些种类	38
46	如何计算电表容量	38

47	如何检验电表 ……………………………………	39
48	电表丢失如何处理 ………………………………	39
49	家用电表损坏的原因 ……………………………	40

二 用电管理

（一）停电限电 …………………………………………… 42

50	计划停电是什么 …………………………………	42
51	什么特殊情况会停电检修 ………………………	42
52	供用电抢修范围如何界定 ………………………	43
53	专用变压器维护有哪些要求 ……………………	43

（二）违章用电 …………………………………………… 44

54	用电检查有哪些内容 ……………………………	44
55	用电用户哪些行为属于违约用电 ………………	45
56	如何处理违约用电 ………………………………	45
57	窃电的定义 ………………………………………	46
58	窃电行为如何处理 ………………………………	47

（三）安全用电 …………………………………………… 48

59	如何预防电气火灾 ………………………………	48
60	如何处理电器着火 ………………………………	48
61	如何理解变电站电磁辐射 ………………………	49
62	如何治理变电站设施噪声 ………………………	50
63	城中村居民用户如何做好用电安全 ……………	50
64	如何预防恶劣天气触电事故 ……………………	51

（四）电能质量 …………………………………………… 52

65	电压波动是什么 …………………………………	52
66	闪变是什么 ………………………………………	52
67	如何治理电能质量 ………………………………	53

68 如何治理谐波 ·· 54

（五）需求侧响应·· 55

69 需求侧响应是什么 ·· 55
70 如何参与需求响应 ·· 55
71 参与需求响应交易有哪些流程 ······························ 55
72 需求响应申报价格是多少 ···································· 56
73 如何计算需求响应收益 ······································· 56
74 需求响应考核如何计算 ······································· 56

（六）负荷管理·· 58

75 电力负荷管理是什么 ·· 58
76 有序用电是什么 ·· 58
77 为什么需要安装电力负荷管理装置 ······················· 58
78 灵活避峰与市场化需求响应的区别 ······················· 59
79 灵活避峰需求如何调用和通知用户 ······················· 59
80 电力负荷管理装置需要安装哪些设备 ··················· 59
81 如何确定电力负荷管理装置产权、安装及维护界面 ········ 60

三　综合能源

（一）充电桩·· 62

82 顺易充充电价格是多少 ······································· 62
83 新买新能源汽车如何报装用电 ····························· 63
84 个人报装充电桩如何收费 ··································· 64
85 城中村报装充电桩需要哪些材料 ·························· 65

（二）分布式光伏··· 66

86 光伏发电申请并网需要什么资料 ·························· 66
87 光伏发电电费如何结算 ······································· 67
88 光伏发电并网电价如何计算 ································ 68

89　如何维护光伏发电的电能计量装置 ………………………… 69

　90　如何办理光伏发电过户业务 …………………………………… 70

（三）储能 ……………………………………………………………… 71

　91　新型储能有哪些分类 …………………………………………… 71

　92　新型储能有哪些功能 …………………………………………… 71

　93　储能接入电网的电价如何计算 ………………………………… 72

　94　除了夜晚充电优惠外，还有哪些时段充电可以优惠 ………… 72

（四）绿电 ……………………………………………………………… 73

　95　什么是绿电、绿证 ……………………………………………… 73

　96　绿电交易分为哪几种形式 ……………………………………… 73

　97　有哪些绿电绿证交易机构 ……………………………………… 74

　98　绿色电力价格由哪些元素组成 ………………………………… 74

　99　市场化用户、代理购电用户参与绿电交易的时序是怎么样的 …… 75

　100　绿电交易如何结算 …………………………………………… 75

　101　参与绿电绿证交易是否会产生额外费用？绿证收益归哪方所有 … 76

四　工程建设

（一）变电站建设 ……………………………………………………… 78

　102　建公用变电站好处是什么 …………………………………… 78

　103　用户自建专用变电站为什么只能作为终端变电站 ………… 81

　104　用户专用站并网需要什么材料 ……………………………… 81

　105　变电站建设需要获得哪些支持性文件 ……………………… 82

　106　变电站工程项目开工需具备哪些条件 ……………………… 82

　107　变电站建设需要多长时间 …………………………………… 82

　108　高压线的安全距离是多少 …………………………………… 83

（二）配网建设 ………………………………………………………… 84

　109　调度停电申请需要提前几天 ………………………………… 84

110 如何区分临时用电和永久用电的投资界面 …………… 84
111 如何认定为重要电力用户 …………… 84
112 供电设备维护分界点在哪里 …………… 85

（三）迁改扩建 …………… 86
113 电力迁改需要什么资料 …………… 86
114 如何补偿电力迁改 …………… 87

五　电力小百科

1. 电是什么 …………… 89
2. 交流电与直流电的区别 …………… 90
3. 电压是什么 …………… 90
4. 电流是什么 …………… 90
5. 有功功率是什么 …………… 90
6. 无功功率是什么 …………… 91
7. 电力系统是什么 …………… 91
8. 我国电压等级 …………… 91
9. 电力网的组成及功能 …………… 93
10. 电力现货市场是什么 …………… 94
11. 双碳是什么 …………… 94
12. 碳交易是什么 …………… 94
13. 虚拟电厂是什么 …………… 96

结语 …………… 97
参考文献 …………… 98

一

营销管理

- （一）业扩报装
- （二）抄电表、核算及收费
- （三）用电变更
- （四）电能计量

（一）业扩报装

业扩报装指为用户办理新装、增容用电业务手续，主要包括制定答复供电方案，对用户受电工程进行设计审查、中间检查、竣工检验及装表接电，签订《供用电合同》和建立用户用电档案的管理过程。业扩报装分为低压居民、低压非居民、10（20）千伏高压用户、批量新装、110千伏及以上（含220千伏及以下地方电厂）高压用户五类报装流程。流程涉及业务受理、供电方案答复、设计审查、中间检查、检验接电环节。

根据《国家发展改革委、国家能源局关于全面提升"获得电力"服务水平持续优化用电营商环境的意见》（发改能源规〔2020〕1479号）和《深圳市关于印发优化水电气报装流程改革实施方案的通知》（深府办〔2019〕6号）有关规定，对于报装容量200千伏安及以下用户采用380/220伏低压接入（供电），报装容量200千伏安以上用户采用10千伏及以上高压接入（供电）。高压用电报装，用户要自行投资建设专用变压器等内电设备，除法律法规和相关政策另有规定以及用户拒绝供电企业延伸业扩投资界面到红线外，用户无需承担建筑区划红线外的电力建设费用。

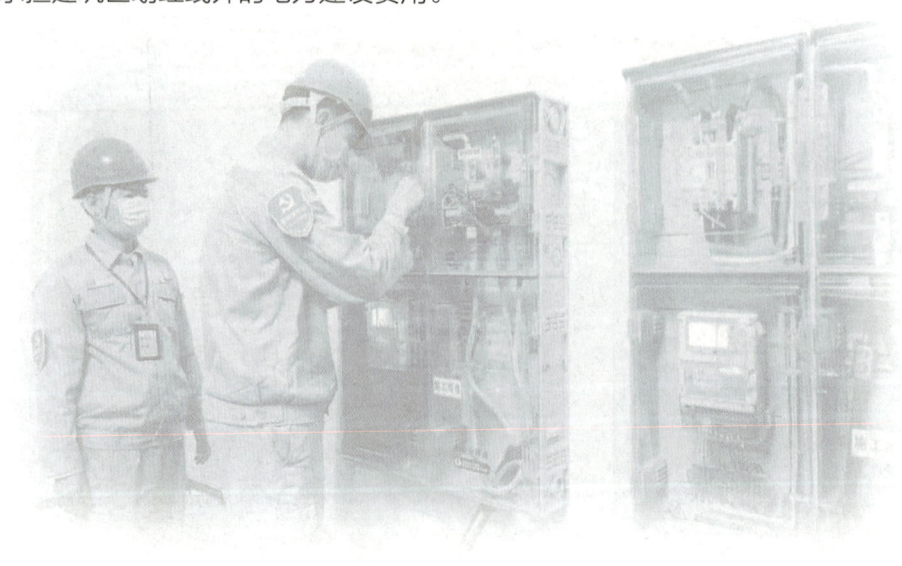

01　用电报装需要什么资料

答： 根据《国家发展改革委、国家能源局关于全面提升"获得电力"服务水平持续优化用电营商环境的意见》（发改能源规〔2020〕1479号）等相关规定，低压用电报装用户在业务受理环节仅需提供用电人有效身份证件和用电地址物权证件，高压用电报装用户需同时提供用电工程项目批准文件。为了保证用户用电的合法权益，请准备好有效身份证明材料和物业权属证明材料办理高低压用电报装业务：

身份证明材料提供以下中一种即可：

（1）居民客户：居民身份证、公安机关出具的临时身份证、居住证、外国人永久居留证、军人证（现役）、港澳居民来往内地通行证、台湾居民来往大陆通行证等原件拍照、扫描件。

（2）非居民客户（如机关、事业单位、社会组织、公司等）：营业执照、组织机构代码证、法人登记证书、统一社会信用代码证书、政府及行业主管部门批准其成立的文件，政府、行业主管部门颁发的有关证照、证明等。

用电地址物业权属证明材料提供以下中一种即可：

（1）房屋所有权证、不动产权证、国有土地使用证、建设用地规划许可证、集体土地使用证、宅基地证、经房管部门备案的购房合同、含有明确房屋产权判词且发生法律效力的法院法律文书（判决书、裁定书、调解书等），其中之一。

（2）政府或查违部门出具的建筑合法性证明、街道办及以上政府部门开具的产权合法性证明文件等。

（3）用电工程项目批准文件：政府有关部门批准文件、认可文件或许可证（其中之一），如：投资项目核准文件、投资项目备案文件、立项批复、会议纪要、建设用地规划许可证（含附件）、建设工程规划许可证（含附件）、工程施工许可证复印件、政府预算安排的固定资产投资项目材料等。

（4）政府土地职能管理部门出具相关证明、工程项目批准文件、政府规划文件。

02　办理用电新装业务如何收费

答：根据《国家发展改革委、国家能源局关于全面提升"获得电力"服务水平 持续优化用电营商环境的意见》（发改能源规〔2020〕1479号）有关规定，对于低压用电报装实行"三零"、高压用电报装实行"三省"服务。

（1）低压用电报装，供电企业将低压计量装置安装在用户规划用电区域红线范围内，计量表计电源侧供电线路全部由供电企业投资，即低压用电报装用户零成本。

（2）高压用电报装，除法律法规和相关政策另有规定以及用户拒绝供电企业延伸业扩投资界面到红线外，供电企业延伸业扩投资界面到用户建筑区划红线内，即高压用电报装用户建筑区划红线内电力外线工程零投资。

整个高压用电报装中，除按国家规定收取双电源供电的高可靠性供电费外，供电部门不收取任何费用。双电源供电的高可靠性供电费收取标准为粤发改价格函〔2017〕5068号规定：10千伏架空线112元/千伏安，10千伏地下电缆168元/千伏安，20千伏架空线92元/千伏安，20千伏地下电缆138元/千伏安。

（3）对于业扩报装中涉及到用户产权设备、线路的有关设计、施工环节，由用户自主选择具有相关资质的施工单位，费用由用户与所选择的施工单位自行协商确定。

03　办理用电新装需要多长时间

答：供电公司公布用电报装业务办理指南、办理程序、时限、收费标准及依据、进度等信息，确保用户知晓业务办理内容以及在办理业务过程中的权利和义务。

根据《国家发展改革委、国家能源局关于全面提升"获得电力"服务水平持续优化用电营商环境的意见》（发改能源规〔2020〕1479号）有关规定，供电公司对低压业扩全流程、高压业扩关键3环节（业务受理、供电方案答复、检验接电）进行限时办结。

（1）低压居民新装：全流程3个工作日内办结。

（2）低压非居民新装：全流程6个工作日内办结。

（3）高压新装（单电源）：业务受理、供电方案答复、检验接电3个环节的办理总时限为12个工作日，其中业务受理1个工作日，供电方案答复6个工作日，竣工验收及装表接电5个工作日。

（4）高压新装（双电源）：业务受理、供电方案答复、检验接电3个环节的办理总时限为20个工作日，其中业务受理1个工作日，供电方案答复13个工作日，竣工验收及装表接电6个工作日。

用户类型		各环节办理时间（单位：工作日）				全过程办电平均时间
		业务受理	供电方案答复	竣工检验和装表接电	合计办理时间	
低压居民		1	—	2	3	3
低压非居民	实行"三零"服务的	1	—	2	3	6
	未实行"三零"服务的	1	3	2	6	—
高压单电源	实行投资界面延伸的	1	6	5	12	—
	未实行投资界面延伸的					—
高压双电源	实行投资界面延伸的	1	13	6	20	—
	未实行投资界面延伸的					—

04　经办人在微信、支付宝如何代业主申请报装业务

答： 经办人在"南网在线"微信或支付宝渠道申请用电报装，先选择报装类型，进入业务表单页填写用电需求，完成经办人实名认证，再填写用电用户信息，上传用电用户身份证明、物权证明及业务办理授权委托书等资料，最后确认信息提交申请。

05　如何查询新装、增容等业务进度

答： 可以通过南网在线 App、南网在线微信小程序、网上营业厅（https://95598.csg.cn）、95598 热线等查询。

"南网在线"App　　　　"南网在线"微信公众号

06　临时用电是什么

答： 根据《供电营业规则》（2024）第十四条规定，对基建工地、农田水利、市政建设等非永久性用电，可以供给临时电源。临时用电期限一般不得超过三年，如需办理延期的，应当在到期前向供电企业提出申请；逾期不办理延期或永久性正式用电手续的，供电企业应当终止供电。

使用临时电源的用户不得向外转供电，不得私自改变用电类别，供电企业不受理除更名、过户、销户、变更交费方式及联系人信息以外的变更业务。临时用电不得作为正式用电使用，如需改为正式用电，应当按照新装用电办理。

因突发事件需要紧急供电时，供电企业应当迅速组织力量，架设临时电源供电。架设临时电源所需的工程费用和应付的电费，由地方人民政府有关部门负责拨付。

（二）抄电表、核算及收费

07　供电企业营业厅的服务项目

答：（1）营业厅服务时间：周一至周五早上 8:30 至下午 5:30，周六日早上 9:30 至下午 3:30。

（2）服务内容包括：电费账务服务、增值税业务、用电报装、增容、减容、暂停用电、恢复用电、改类、销户、更名过户、移表、打印电费清单、用电咨询、更改用户资料等业务。

深圳 23 个供电营业厅现已转型成智慧营业厅，配置政务一体机，可办理以下供电业务：查缴电费、票据打印、高压业扩新装、低压居民新装、低压非居民新装。设置 24 小时自助营业厅，可办理以下供电业务：缴费、低压居民过户、更改缴费账号、联系信息维护（联系电话、电子邮箱、更改订阅方式）、打印电费通知单、打印电子发票。

08　有哪些电费缴费方式

答： 为方便广大客户缴纳电费，供电企业支持以下多种电费支付方式：

（1）为让缴费方式更为绿色低碳，供电企业推荐使用线上支付，请用户放心选用以下任一渠道：委托银行划账支付、"南网在线"App 支付、支付宝支付、微信支付、自助实时划账、银联"易办事"终端自助刷卡支付、银联在线支付、银行转账支付（银行转账缴费一般适用于非居民用户，不建议居民用户通过银行对公转账方式缴费）。用户转账时需转至所属辖区营业厅（用电地址对应的区局营业厅）。

（2）线下缴费方式：包括现金缴费、深圳农村商业银行柜台支付、数字人民币扫描支付（深汕地区营业厅除外）、银联 POS 机刷卡缴费、自助终端缴费（支持银联刷卡、微信、支付宝 3 种支付方式）。

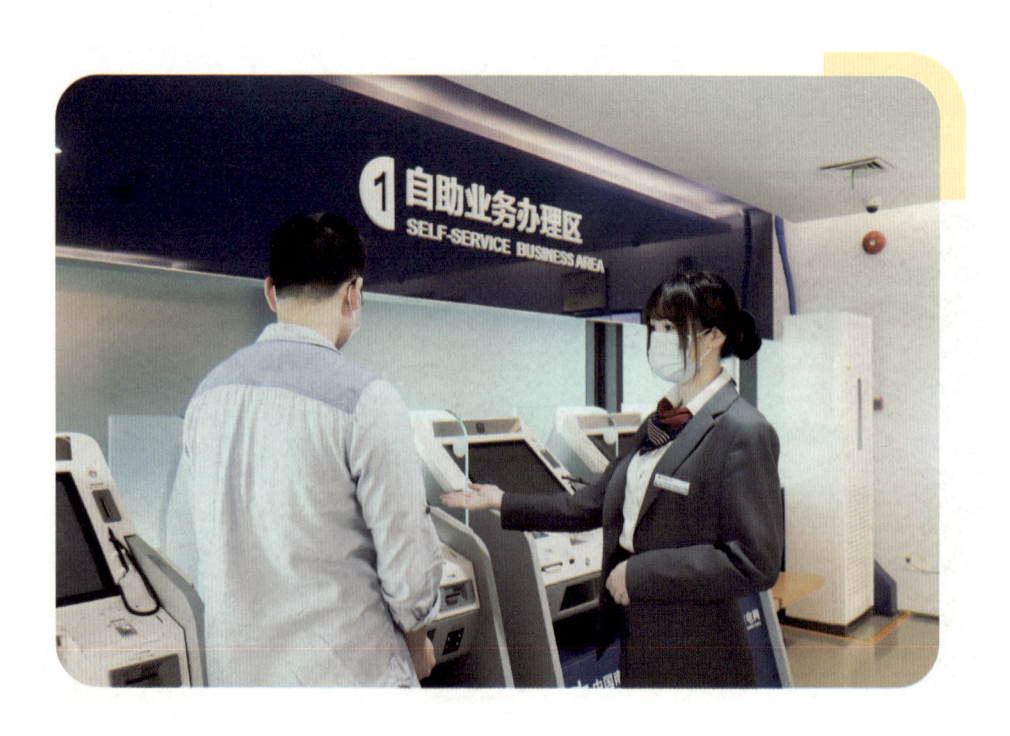

营销管理

09　有哪些抄电表方式，抄电表周期和抄见电量计算是什么意思

答：（1）目前抄电表方式有 2 种，人工现场抄电表和远程自动抄电表。深圳已全量实现远程抄表。

一是人工现场抄电表：人工到现场通过移动作业终端或者抄电表掌机读取电表的数据。该场景主要适用于远程无法抄电表或者供电企业组织开展的监抄。

二是远程自动抄电表：远程抄电表是指通过计量自动化系统开展的抄电表方式。对专变用户，通过加装的负荷管理终端进行抄电表；对公变台区下的居民和商业用户，通过加装的台区集中器进行抄电表。

（2）抄电表周期：每月由供电企业相关机构对抄电表周期进行集中管控，实现应抄尽抄。原则上抄电表周期为 1 个自然月，抄电表例日为每月月末日 24 点，大客户可实施划小周期抄电表收费。市场化交易用户、专变户、购电户须在每月 4 日前完成抄电表，其他用户须在每月 6 日前完成抄电表，抄电表率达 100%。

（3）抄见电量计算：抄见电量 =（本次电表行度 − 上次电表行度）× 电能计量装置倍率（电表过电流有一定限度，超过限度就应配互感器。把电流按比率变换成小电流进入电表计量，计电费时按该比率进行电量核算）

10　在远程渠道缴费时显示锁定是什么意思

答：出现这种情况可能是用户本身已绑定了银行批量扣款（简称"批扣"），在批扣时间会显示划扣交易超时，也可能是受到各银行日终结算时间影响。为保证划扣数据的准确无误，避免重复付款，系统会显示该用户编号目前状态为清算锁定，无法通过其他方式进行缴费，一般等待半天到一天后即可解锁正常付款。如未能解锁，可前往营业网点解锁。

各银行日终结算时间

注：现系统清算时间为 22:30-23:00，此时间段所有交费方式均无法成功交费

序号	银行名称	日结时间	备注
1	建设银行	全天	
2	中信银行	全天	
3	招商银行	全天	
4	兴业银行	全天	
5	华夏银行	全天	
6	银联（网厅、深银联）	全天	
7	银联（中国银联）	全天	
8	支付宝	全天	支付宝缴电费的服务时间为：23:00- 次日 22:30
9	翼支付	全天	翼支付缴电费的服务时间为：8:00-20:00
10	微信支付	全天	
11	上海银行	全天（24:00 左右）	
12	交通银行	晚 00:00- 早 06:00 无业务	
13	中国银行	晚 20:00- 早 06:00 无业务	
14	工商银行	20:00-2:00	
15	银联（电话、深银联）	22:55-0:05	22:30-23:00 是暂停服务的（系统清算时间）
16	平安银行	23:00-03:00	
17	深圳发展银行	23:00-03:00（合并到平安一样）	
18	浦发银行	23:00-24:00	
19	农村商业银行	23:30-03:00	
20	民生银行	23:30-24:00	
21	广东发展银行	23:45-00:10	
22	农业银行	22:00，24:00 各 10 分钟，基本全天均可	
23	光大银行	晚 24:00 左右，用时 5 分钟左右	

注：银行日终处理期间及供电企业系统清算期间不能进行交费

营销管理

11 欠电费的规定

答： 根据《电力供应与使用条例》第三十九条规定，逾期未交付电费的，供电企业可以从逾期之日起，每日按照电费总额的千分之一至千分之三加收违约金，具体比例由供用电双方在供用电合同中约定；自逾期之日起计算超过30日，经催交仍未交付电费的，供电企业可以按照国家规定的程序停止供电。

12 如何查询电费

答： 南方电网提供了95598电话、网上营业厅（https://95598.csg.cn）、微信服务号、支付宝生活号、"南网在线"App等多种电费的查询方式。

"南网在线"App　　　"南网在线"微信公众号

13 如何申请电子账单

答： 您可登录供电企业网站、微信公众号、"南网在线"App、支付宝生活号申请，或致电95598服务热线人工服务获取以及前往供电营业厅网点办理。

14 如何在营业厅补打电费账单

答： 以深圳为例，用户到营业厅可在自助终端打印电费账单，一是南网在线注册客户可以直接在自助终端登录选择绑定户号打印，二是通过该用户编号登记的手机号验证进行打印。

15 居民电费的发票类型

答： 未取得一般纳税人资格证书的用电客户均是普通发票。已被国家税务局认定的一般纳税人可前往营业厅申请开具增值税发票。

11

16 普通发票每月开具时间

答：（1）银行转账交费的客户，转账成功后可持银行转账单到辖区营业厅即时开具发票。

（2）在营业网点柜台交费的，交费时可在柜台即时开具发票。

（3）其他方式缴费的，一般在成功缴费后10日内会向客户登记的邮箱推送电子发票。如未订阅邮箱收取，也可在微信公众号订阅查阅。如遇扣费高峰期，可能有所延迟。

17 如何更改电子发票抬头

答：（1）若是用户名称变更、用户房屋变更户主、用户缴费人变更等，可通过"南网在线"App或者微信小程序办理过户或者缴费人变更。

（2）如因客户录入有误导致不符，可通过网上营业厅办理缴费人变更业务。

注意：办理缴费人变更业务时记得勾选"我要更改发票名称"。

18 首次开具增值税专用发票需要什么资料

答：需前往营业厅，自助终端机申请或人工办理。需提供的资料：

（1）开票公司书面申请开票信息盖公章（内容包括：开票名称、税号、地址、电话、开户行、扣款账号、需要开具的用户编号）。

（2）经办人身份证明原件。

19 有哪些方式领取增值税专用发票

答：（1）凭营业执照复印件加盖公章＋经办人身份证人工领取。

（2）办理自助取票业务后凭取票人信息在增值税自助取票机领取。

（3）办理增值税专用发票免费邮寄业务。

20　如何办理免费邮寄电费增值税专用发票

答： 为进一步方便广大用户获取增值税专用发票，让用户少"跑动"，目前推出了增值税专用发票免费邮寄业务。

向供电营业网点提交"电费增值税专用发票委托邮寄业务申请书"，可通过网上营业厅下载或前往营业厅现场领取《电费增值税专用发票委托邮寄业务申请书》，填写相关信息并阅读业务协议条款，签字盖章后携带经办人身份证前往营业厅（建议前往申请书所选开票营业厅）申请免费邮寄业务。当月申请，次月生效。

需注意：

（1）客户增值税号关联的全市范围内（含深汕合作区）全部户号（含后续新增户号）的电费合并开具一张增值税专用发票，金额以增值税号关联的全部户号电费总金额为准（违约金另按户开具电子普通发票）。

（2）客户需在每月25日（含25日）前结清增值税号关联的全市范围内（含深汕合作区）全部户号的当月电费，逾期缴费则由客户在工作日时间自行前往供电营业厅领取。

（3）修改收件信息操作方法：收件信息修改用户可通过网上营业厅下载或前往营业厅现场领取《电费增值税专用发票委托邮寄业务申请书》，填写相关信息并阅读业务协议条款，签字盖章后携带经办人身份证前往营业厅（建议前往申请书所选开票营业厅）申请，当月申请，次月生效。若申请前当月电费发票已寄出被原收件人签收，需联系原本的收件人处理。

（4）发票邮寄进度查询方法：收件用户可凭收件手机号码登入微信小程序"EMS中国邮政速递物流"查询，或者致电邮政官方客服11183咨询核查。

21 如何将电费普通发票变更为增值税专用发票

答： 目前尚无线上渠道修改发票类型，仅能前往营业厅办理。

若发票抬头不更改、本年度内开具的普通发票可申请换为增值税发票，用户需前往实体营业厅处理，所需资料为：

（1）加盖公章的变更申请（需含用户编号、更改的信息）。

（2）经办人身份证明原件。

22 政府颁布城中村出租屋用电价相关政策

答： 2023年9月1日深圳市第七届人民代表大会常务委员会第二十次会议通过《深圳经济特区居民生活用水电燃气价格管理若干规定》（简称《若干规定》），于2023年10月1日起实施。其中，第七条规定"代收费人应当按照居民生活用水、电、燃气政府定价和使用人实际使用数量收取费用，不得加收其他费用。"第十二条规定"代收费人违反本规定第七条的规定，未按照居民生活用水、电、燃气政府定价和使用人实际使用数量收取费用，或者加收其他费用的，由街道办事处予以警告并责令限期改正，逾期未改正的，对单位处五万元以上二十万元以下罚款，对个人处二千元以上二万元以下罚款。"

作为电价执行部门，深圳供电企业严格执行国家规定，对城中村自建房按照规定抄电表到产权户，执行居民合表用电价格（0.69986875元/千瓦时）。对于出租屋房东加价收费问题，建议租户可向政府相关部门（如市场监督管理部门）或者相关街道办事处投诉、举报反映。

为推动《若干规定》落实落地，2023年10月12日深圳市城市管理和综合执法局正式印发《深圳市加强居民生活用水电燃气价格管理实施方案》，为切实规范居民生活用水电燃气价格提供保障，明确了由市住房建设区、各区政府采取约谈股份合作公司法定代表人等措施应对租金上涨问题，由各区政府查处代收费人违法收取居民生活用水电燃气费用行为，由市市场监管局、各区政府将水电燃气价格收费监管纳入信用记录等规定。

23　申请抄电表到户需要什么条件

答：对已抄电表到户或具备抄电表到户条件、产权明晰的中间层资产予以接收。

按照相关文件规定，中间层接管需符合以下几个条件：

（1）电力资产产权所有人提出申请，自愿移交接管电力资产；

（2）电力资产产权清晰，无资产抵押、担保等法律问题；

（3）供电设施的技术规范满足相关规定。供电设施分界具备规定的物理分界条件；

（4）计量装置满足安全、可靠、准确计量的技术条件。

符合接管条件的，小区物业管理单位可携带有效房产证明到当地供电营业厅申请办理抄电表到户手续。

城中村出租房一般属于"一栋一户"，即一栋房屋为一个产权户。对符合条件的，深圳供电局已根据相应的产权抄表到户（栋）。

用户提出的希望抄表至栋内分户的"抄表到户"，具体需要满足以下条件：

一是城中村产权配套政策成熟，政府部门对城中村每一栋楼内抄表到户的产权或清单进行正式文件确认，作为抄表到户的源头依据，为用户报装和供电局开展相关工作提供支撑。

二是抄表到户的楼栋满足技术标准，每一栋楼的建筑电气符合国家民用建筑电气规范，符合深圳市相关行业标准，并经政府相关部门或委托第三方对建筑电气验收合格。

三是由业主作为出资主体，对每一栋楼内业主产权的电气设备进行改造，电梯、公共照明等公共部分要有物业单位统一运营。在以上三个关键要素同时满足的前提下，供电局将配合开展抄表到户工作，为居民提供高质量的运维服务。

24 如何追补电量

答：（1）电表记录不准引起退补电量。

根据《供电营业规则（2024）》第八十二条规定，由于计费计量互感器、电能表的误差及其连接线电压降超出允许范围或者其他非人为原因致使计量记录不准时，供电企业应当按照下列规定退补相应电量的电费：

一是互感器或者电能表误差超出允许范围时，以"0"误差为基准，按照验证后的误差值退补电量；退补时间以误差发生之日起至误差更正之日止计算；时间无法确定的，从上次校验或者换装后投入之日起至误差更正之日止的二分之一时间计算。

二是连接线的电压降超出允许范围时，以允许电压降为基准，按照验证后实际值与允许值之差退补电量；退补时间从连接线投入或负荷增加之日起至电压降更正之日止。

三是其他非人为原因致使计量记录不准时，以考核能耗用的计量装置或者其他电能量测量装置记录为基准计算；无上述装置的，以用户正常月份用电量为基准计算；退补时间按照电能计量装置运行数据确定。

退补期间，用户先按照抄见电量如期交纳电费，误差确定后，再行退补。

（2）电表损坏引起退补电量。

根据《供电营业规则（2024）》第八十三条规定，电能计量装置接线错误、互感器故障、倍率不符等原因，使电能计量或者计算出现差错时，供电企业应当退补从差错发生之日起至差错更正之日止相应电量的电费，并按照下列规定执行：

一是计算电量的倍率或铭牌倍率与实际不符的，以实际倍率为基准，按照正确与错误倍率的差值退补电量；退补时间无法确定的，以抄表记录为准确定。

二是因计费电能计量装置接线错误、互感器故障的，以考核能耗用的电能计量装置或者其他电能量测量装置记录为基准计算，无上述装置的，可以按照以下方法计算：计费电能计量装置接线错误的，以其实际记录的电量为基数，按照正确与错误接线的差额率退补电量；退补时间无法确定的，从上次校验或换装投入之日起至接线错误更正之日止。互感器故障的，按照电工理论计算方法确定的差额率计算退补电量；无法计算的，以用户正常月份用电量为基准，按照正常月与故障月的差额计算退补电量。

退补电量未正式确定前，用户先按照正常月用电量如期交纳电费。

25 如何核对电量

答：（1）用户可核实疑似电费异常抄电表周期内家中是否有增减电器设备，留意家中是否因跨季节变化增、减家用电器使用频率等，结合上述影响电量的原因与历史同期用电量作对比，判断抄电表电量是否异常。

（2）用户可自行核对电表读数，与最后一次供电局抄电表读数作对比，以初步判断是否出现抄错电表的情况。

（3）用户可关掉家里电源总开关，查看电表是否转动/脉冲灯是否闪，以初步判断是否有偷电、漏电、接错线及表计不准的情况。

（4）查看电费抄电表天数，判断是否因业务变更（换表、过户）等原因导致抄电表天数增加或减少。

（5）如抄电表周期内非本人居住建议向实际用电人了解近期用电情况。

（6）电器处于待机状态也是耗电的，看是否因生活中易忽视的行为悄然让用户的电费上涨。

（7）经以上方法初步判断若表计及用电无任何异常，但用户仍对电量有疑问，建议用户在后续用电时留意每日用电量（关注南网在线微信服务号绑定用户编号，点击我的用电—电费查缴—智慧用电），估算用电量与电表实际计量有无较大差异（1度电即功率为1千瓦的设备用1小时）。

如用户仍觉得实际用电量跟计费电量有较大差异时，建议用户前往营业厅申请校验电表。

26　如何计算居民阶梯电价

答：按照《关于我省居民生活用电试行阶梯电价有关问题的通知（粤价〔2012〕135号）》，居民阶梯电价将城乡居民每月用电量划分为三档，电价实行分档递增。考虑到我省夏季天气较为炎热，空调用电量较大的情况，将电量分档划分为夏季标准和非夏季标准，每年的5—10月执行夏季标准，其余月份执行非夏季标准。

夏季标准第一档电量为每户每月0-260千瓦时的用电量，其电价不作调整；第二档电量为每户每月261-600千瓦时的用电量，其电价每千瓦时加价0.05元；第三档电量为每户每月601千瓦时及以上的用电量，其电价每千瓦时加价0.30元。

非夏季标准第一档电量为每户每月0-200千瓦时的用电量，其电价不作调整；第二档电量为每户每月201-400千瓦时的用电量，其电价每千瓦时加价0.05元；第三档电量为每户每月401千瓦时及以上的用电量，其电价每千瓦时加价0.30元。

27　"一户多人口"政策是什么

答： 根据广东省发展改革委《关于居民阶梯电价"一户多人口"政策有关事项的通知》（粤发改价格函〔2021〕826号）》，广东省居民阶梯电价"一户多人口"政策自2021年6月1日起开始实施。同一住址共同居住生活的居民累计人数满5人及以上的居民用户可申请每户每月第一、二、三档分别增加100千瓦时的阶梯电量基数，7人及以上也可选择执行居民合表电价。

根据《关于进一步完善居民阶梯电价"一户多人口"政策有关事项的通知》（粤发改价格函〔2023〕553号），对粤发改价格函〔2021〕826号文规定的一户家庭人数的认定上，申请人可提供结婚证、出生证、原户口簿等予以佐证直系亲属关系。对于同一登记地址家庭人数满5人及以上符合条件，但户口簿（或居住证明材料）登记地址与实际用电地址不一致的情况，可在登记地址与实际用电地址中任选一地址申请办理"一户多人口"用电手续。

28　申请免费电的相关事项有哪些

答： 根据广东省物价局《关于我省居民生活用电试行阶梯电价有关问题的通知》（粤价〔2012〕135）明确，对全省城乡"低保户"和农村"五保户"家庭每户每月设置15千瓦时免费用电基数。免费用电基数采用"即征即退"的方式，由供电企业在抄电表收费时直接扣减（该政策从2012年7月1日开始实施）。

相关事项：

（1）深圳市民政局、深圳供电局有限公司、深圳市燃气集团、深圳市水务集团联合发文《关于对我市低收入群众水、电、燃气费用实行优惠的通知》（深民〔2020〕87号）规定，供电部门主动上门办理免费电业务。

（2）以深圳市民政局每月共享给深圳供电局有限公司的低保户、特困人员名单作为免费电执行依据。供电部门通过户名及身份证号匹配用户用电信息，对应匹配上并核准的，无需提供资料可直接给予办理。

（3）对于未匹配上的，由供电部门会同民政部门主动通过电话、走访等方式核实、办理。对由供电部门直抄到户的低保户，通过提供用电账号直接给予减免电费；城中村、租房代收的合表用户需与户主协商达成免费电扣减意见。供电部门要提供方便快捷的免费电办理变更渠道，对已办理免费电需要变更地址的，用户可通过互联网、电话、现场等多途径办理变更。

（4）扣减方式，免费用电基数采用"即征即退"的方式，由供电企业在抄电表收费时直接扣减。即月用电超过15千瓦时，当月扣减用户电量15千瓦时，对月电量小于15千瓦时的，则扣减用户当月实际电量。

29　申请合表电价需符合什么条件

答： 根据广东省物价局《关于我省居民生活用电试行阶梯电价有关问题的通知》（粤价〔2012〕135号）、《关于执行居民阶梯电价有关问题的通知》（粤价〔2012〕146号）及《关于居民阶梯电价"一户多人口"政策有关事项的通知》（粤发改价格函〔2021〕826号）相关文件规定：一户一表是居民用户应以住宅为单位，一个房产证明对应的住宅为一"户"，没有房产证明的，以供电企业为居民安装的电表为单位。

符合以下情况的，可执行合表电价：

（1）未抄电表到户的统建住宅（包括商品房和机关企事业单位自建住宅、政府公租房等）；

（2）住宅小区中执行居民电价的公共用电；

（3）执行居民电价的非居民用户，如学校、集体宿舍、社会福利机构等用电用户的分类；

（4）城乡居民自建多、高层单元式住宅的居民用户，且具有永久的隔断性墙面，可向供电企业提出申请，经核实认定后，按照合表电价执行；

（5）符合7人及以上居民阶梯电价"一户多人口"政策条件并选择执行合表电价的居民用户。

30　居民也能申请峰谷电价吗

答：根据广东省物价局《关于我省居民生活用电试行阶梯电价有关问题的通知》（粤价〔2012〕135号）明确，居民用户在实行居民阶梯电价的同时，可自主选择是否执行峰谷电价政策。选择执行峰谷电价的用户，分时计量表计由电网企业免费安装，且选择实施后一年内不得变更。

《国家发展改革委关于进一步完善分时电价机制的通知》（发改价格〔2021〕1093号）及广东省发改委《关于进一步完善我省峰谷分时电价政策有关问题的通知》（粤发改价格〔2021〕331号）文件规定，2021年10月1日起我省将执行完善后的峰谷分时电价政策。对峰、平、谷时段设置及分时比价关系进行调整（比价关系为1.7:1:0.38）。相关调整适用深汕地区。

对应的峰平谷时段为：

高峰时段（10:00-12:00、14:00-19:00）

平时段（8:00-10:00、12:00-14:00、19:00-24:00）

低谷时段（0:00-8:00）

《深圳市发展和改革委员会关于进一步完善我市峰谷分时电价政策有关问题的通知》（深发改〔2021〕1005号）明确了深圳用户自2022年2月1日起执行上述分时电价政策。

营销管理

31 如何收取违约金

答：根据《电力供应与使用条例》第二十七条及三十九条规定，供电企业应当按照国家核准的电价和用电计量装置的记录，向用户计收电费。

用户应当按照国家批准的电价，并按照规定的期限、方式或者合同约定的办法，交付电费。

逾期未交付电费的，供电企业可以从逾期之日起，每日按照电费总额的千分之一至千分之三加收违约金，具体比例由供用电双方在供用电合同中约定；自逾期之日起计算超过 30 日，经催交仍未交付电费的，供电企业可以按照国家规定的程序停止供电。

32　两部制电价是什么

答： 两部制电价是将电价分成基本电价与电量电价两部分，分别按容量和电量两部分来计费的电价制度。

基本电价是按照变压器容量或需量（即一月中每15分钟或30分钟平均负荷的最大值）作为计算电价的依据。用户可自行选择按变压器容量计算基本电费或者核定合同需量，也可选择按实际最大需量计算基本电费；

电量电价是按用户实际使用电量为计费依据。

适用于：第一类用电（即原大量工商业及其他用电）、第二类用电（即原高需求工商业及其他用电）。

第一类用电：10千伏及以上电压供电，容量在101千伏安及以上的用电。

第二类用电：3001千伏安及以上容量的工商业用电。

注意事项：国家发展改革委发布《关于第三监管周期省级电网输配电价及有关事项的通知》（发改价格〔2023〕526号）及《广东省发展改革委转发国家发展改革委关于第三监管周期省级电网输配电价及有关事项的通知》（粤发改价格〔2023〕148号）相关内容，自2023年6月1日用电起将大量、高需求、普通用电类别调整为第一、二、三类用电类别。3001千伏安及以上的工商业用户可选择执行第一类工商业用电（即原大量工商业及其他用电）或第二类工商业用电类别（即原高需求工商业及其他用电）。

33　工商业用户电费组成方式

答： 根据工商业用户用电价格由上网电价、上网环节线损费用、输配电价、系统运行费用、政府性基金及附加组成。

（1）上网电价。

未进入市场的优先发电电源，其上网电价按照政府核定的上网电价执行；进入市场的电源，其上网电价由市场形成，即市场交易价格由市场规则形成。

（2）上网环节线损费用（用户购买电量在传输过程中产生损耗部分对应的费用）。

线损是发电机组发出的电能量向终端电力用户输送过程中的电能损耗，线损率相对稳定，电力市场环境下发电机组上网电价由市场交易决定，有升有降，因此线损电价与上网侧购电价格直接相关。

用户线损电费 = 上网电价 ÷（1- 省级电网综合线损率）× 省级电网综合线损率 × 用户当月电量

广东省上网环节线损费用按每月实际采购电量电价和国家规定的广东电网综合线损率计算。深圳电网上网环节线损费用包含在输配电价中。

（3）输配电价。

指电网经营企业提供接入系统、联网、电能输送和销售服务的价格总称，又称输配电费用。输配电价分为容（需）量电价及电量电价，其中容（需）量电价为原本的基本电价，电量电价根据地区分为以下 2 种：

1）深圳地区用户（非深汕特别合作区用户）：含增值税、对居民和农业用户的基期交叉补贴、上网环节线损费用。

2）深汕特别合作区用户：含增值税、闽粤联网工程容量电费、对居民和农业用户的基期交叉补贴。

（4）系统运行费用。

包括辅助服务费用、抽水蓄能容量电费等。

（5）抽水蓄能容量电费。

是指由政府价格主管部门核定的，弥补抽水蓄能电站固定成本及准许收益的费用。

（6）政府性基金及附加。

目前现行政府性基金及附件包含重大水利工程建设基金 0.196875 分 / 千瓦时，水库移民后期扶持基金 0.67 分 / 千瓦时，可再生能源附加 1.9 分 / 千瓦时。

34　力调电价是什么

答：（1）力率调整电费是供电部门根据国家有关政策的规定，为促进用电用户节约电能，改善电压质量而采取的经济手段。执行力率调整电费的文件是水电部（83）水电财字 215 号文。中国自 1953 年开始实行功率因数调整电费办法。以后，根据电力系统的发展和用户生产技术的提高，曾多次修订功率因数调整电费的实行范围和考核标准。

一是功率因数标准 0.90，适用于 160 千伏安以上的高压供电工业用户、装有带负荷调整电压装置的高压供电电力用户和 3200 千伏安及以上的高压供电电力排灌站；

二是功率因数标准 0.85，适用于 100 千伏安（千瓦）及以上的其他工业用户、100 千伏安（千瓦）及以上的非工业用户和 100 千伏安（千瓦）及以上的电力排灌站；

三是功率因数标准 0.80，适用于 100 千伏安（千瓦）及以上的农业用户和趸售用户，但大工业用户未划由电力直接管理的趸售用户，功率因数标准应为 0.85；

四是执行居民合表电价的住宅专变用户（无论其变压器容量大小）无需进行功率因数考核；

五是执行与居民同价的学校等非居民住宅性质的专变需按非工业用户功率因数考核标准执行。

（2）力调高的原因：一是有可能因为用户本月变压器存在空载运行的情况导致有功消耗较少，而无功消耗较大。二是有可能因为现场安装的无功补偿装置存在问题，这种情况建议用户最好找专业的电工对现场设备进行一次全部的检测。

35　尖峰电价是什么

答： 按照《关于进一步完善我省峰谷分时电价政策有关问题的通知》（粤发改价格〔2021〕331号）及《深圳市发展和改革委员会关于进一步完善我市峰谷分时电价政策有关问题的通知》（深发改〔2021〕1005号）相关规定执行。

深圳地区尖峰电价执行范围：执行峰谷分时电价的第一类、第二类工业及第三类工业专变用户。如国家有专门规定的继续从其规定。

深汕合作区尖峰电价执行范围：执行峰谷分时电价的两部制电价工业用户、单一制电价专变工业用户。有专门规定的按其规定。

执行时间：尖峰电价执行时间为7月、8月和9月三个整月，以及其他月份中最高气温达到35℃及以上的高温天。日最高气温以中央电视台一套每晚19点新闻联播节目天气预报中发布的广州次日最高温度为准，次日予以实施。

执行时段：尖峰电价每天的执行时段为11-12时、15-17时共三小时。非尖峰电价执行期间，产生的尖峰时段电量调整回峰期，按峰期电价计算。

尖峰电价水平：尖峰电价在峰谷分时电价的峰段电价基础上上浮25%。

政策执行时间：深汕用户于2021年10月1日起执行，深圳用户于2022年2月1日起执行。

大量用电电度电费基准值计算方法：

1. 不实施尖峰时：尖峰

峰期电量 1 = 容量 ×250×7 小时 /24 小时

峰期电费 1 = 峰期电量 1× 单价

峰期电量 2 = 峰期电量 – 峰期电量 1

峰期电费 2 = 峰期电量 2× 单价

峰期电费 = 峰期电费 1 + 峰期电费 2

2. 实施尖峰时：

（1）计算峰期总"优惠临界点"（基准值）：容量 ×250×7 小时 /24 小时；

（2）计算尖期"优惠临界点"（基准值）= 尖期计费电量 /（尖期抄电表电量 + 峰期抄电表电量）× 峰期总"优惠临界点"；

（3）计算峰期"优惠临界点"（基准值）= 峰期总"优惠临界点" – 尖"优惠临界点"。

▶ ① 峰期电费 1 = 峰期电量 1× 单价

峰期电量 2 = 峰期电量 – 峰期电量 1

峰期电费 2 = 峰期电量 2× 单价

峰期电费 = 峰期电费 1 + 峰期电费 2

▶ ② 尖期电费 1 = 尖期电量 1× 单价

尖期电量 2 = 尖期电量 – 尖期电量 1

尖期电费 2 = 尖期电量 2× 单价

尖期电费 = 尖期电费 1 + 尖期电费 2

平期与谷期计算方式一致

▶ ③ 平期电量 1 = 容量 ×250×9 小时 /24 小时

平期电费 1 = 平期电量 1× 单价

平期电量 2 = 平期电量 – 平期电量 1

平期电费 2 = 平期电量 2× 单价

平期电费 = 平期电费 1 + 平期电费 2

▶ ④ 谷期电量 1 = 容量 ×250×8 小时 /24 小时

谷期电费 1 = 谷期电量 1× 单价

谷期电量 2 = 谷期电量 – 谷期电量 1

谷期电费 2 = 谷期电量 2× 单价

高需求用电电度电费基准值计算方法：

1. 不实施尖峰时：尖峰抄见电量需加入峰期抄见电量一并计算。

峰期电量 1 ＝最大需量 ×400×7 小时 /24 小时

峰期电费 1 ＝峰期电量 1× 单价

峰期电量 2 ＝峰期电量－峰期电量 1

峰期电费 2 ＝峰期电量 2× 单价

峰期电费＝峰期电费 1 ＋峰期电费 2

2. 实施尖峰时：

（1）计算峰期总"优惠临界点"（基准值）：最大需量 ×400×7 小时 /24 小时;

（2）计算尖期"优惠临界点"（基准值）＝尖期计费电量 /（尖期抄电表电量 ＋峰期抄电表电量）×峰期总"优惠临界点"；

（3）计算峰期"优惠临界点"（基准值）＝峰期总"优惠临界点"－尖"优惠临界点"。

▶ ①峰期电费 1 ＝峰期电量 1× 单价
　　峰期电量 2 ＝峰期电量－峰期电量 1
　　峰期电费 2 ＝峰期电量 2× 单价
　　峰期电费＝峰期电费 1 ＋峰期电费 2

▶ ②尖期电费 1 ＝尖期电量 1× 单价
　　尖期电量 2 ＝尖期电量－尖期电量 1
　　尖期电费 2 ＝尖期电量 2× 单价
　　尖期电费＝尖期电费 1 ＋尖期电费 2
　　平期与谷期计算方式一致

▶ ③平期电量 1 ＝最大需量 ×400×9 小时 /24 小时
　　平期电费 1 ＝平期电量 1× 单价
　　平期电量 2 ＝平期电量－平期电量 1
　　平期电费 2 ＝平期电量 2× 单价
　　平期电费＝平期电费 1 ＋平期电费 2

▶ ④谷期电量 1 ＝最大需量 ×400×8 小时 /24 小时
　　谷期电费 1 ＝谷期电量 1× 单价
　　谷期电量 2 ＝谷期电量－谷期电量 1
　　谷期电费 2 ＝谷期电量 2× 单价

36 商务类公寓 / 商业类住宅，应执行什么电价

答： 根据《深圳市发展和改革委员会关于对我市商务类公寓及商业类用房转租赁用房等用电价格有关问题的通知》要求，对我市商务类公寓（含其他商业类住宅）从事商业经营行为的用电，如摄影工作室、烹饪工作室、酒店租赁公司等，用电实行商业电价。对我市已抄电表到户商务类公寓（含其他商业类住宅）等用于居民家庭住宅居住的，经用户申请并现场核实后，严格按照电价政策要求，执行居民生活用电价格。

37 高供高计是什么

答： 高供高计是指供电企业由高压供电到用户，它的电能计量装置安装在用户电力变压器的高压侧，实行的高压计量，这种计量方式的特点是电力变压器的损耗在计量装置的后面，已包含在计量数据内。

38 高供低计是什么

答： 高供低计是指供电企业以高压供电方式向用电户供电，当变压器总容量在 630kVA 及以下时，可以在低压侧计量电度，称为高供低计。高压供电到用户，它的计量装置安装在用户电力变压器的低压侧，实行低压计量。

39 最大需量是什么

答： 用电最大需求量是指规定时段内用户取用的平均电功率的最大值。

它反映了用户对电力需求的最大程度，供电企业为满足客户的需求，必须备有大于用电最大需求量的发供电能力。因此，用电最大需量常做为计算用户基本电费的依据之一。我国以 15 分钟的平均有功功率最大值作为用电最大需求量，并规定 30、60 分钟平均最大有功功率的折算系数分别为 1.04-1.1 和 1.06-1.15。用电最大需求量可用需量表测量记录。

40 如何计算蓄冰电价

答： 对于代理购电用户：蓄冰空调峰期电价为 1.65× 代理购电价格 +1.65× 输配电价 + 基金及附加，蓄冰空调谷期电价为 0.25× 代理购电价格 +0.25× 输配电价 + 基金及附加。

对于市场化交易用户：蓄冰空调峰期电价为现货电能量峰期单价 +1.65× 输配电价 + 基金及附加，蓄冰空调谷期电价为现货电能量谷期单价 +0.25× 输配电价 + 基金及附加价格。

非居民基金及附加单价总和 0.02766875 元 /kWh。

41 安装蓄冰空调的好处

答：（1）具有应急功能，停电时可以利用自备电力启动水泵融冰供冷，空调系统的可靠性高；

（2）瞬间达到冷却效果，能应付短时间的超大瞬间负荷；

（3）节省空调及其电力设备的维护保养费用；

（4）由于实现低温送风，末端设备容量相应减少，电耗及噪声都相应降低；

（5）相对温度更低，空调品质提高，能有效防止中央空调综合症。

42 代理购电是什么

答： 按照《国家发展改革委员会关于进一步深化燃煤发电上网电价市场化改革的通知》（发改价格〔2021〕1439 号）、《国家发展改革委办公厅关于组织开展电网企业代理购电工作有关事项的通知》（发改办价格〔2021〕809 号）和《广东省发展改革委关于进一步深化我省电价改革有关问题的通知》粤发改价格〔2021〕402 号要求，我省自 2021 年 12 月 1 日起取消了工商业目录销售电价，推进工商业用户进入电力市场。对暂未直接从电力市场购电的工商业用户，由电网企业以代理方式从电力市场进行购电。电网企业代理购电不向用户收取代理费用。用户选择由供电企业代理购电的话，可通过南网在线 App、供电营业厅等线上线下服务渠道，与供电企业签订代理购电相关合同或补充协议，建立代理购电关系。在签订代理购电相关合同或补充协议时，根据用电指导书需要提供的资料为：

（1）个人客户：用电客户身份证明（非本人办理还需提供经办人身份证明及委托书）。

（2）组织客户身份证明材料（可复用）；法人身份证明（或经办人身份证明及法人授权委托书）。

市场交易价格由电力市场供需情况决定，哪种方式更划算无法准确预测。国家要求有序推动工商业用户全部进入电力市场，按照市场价格购电。但是已参与市场交易在无正当理由下改为电网企业代理购电的用户，其价格按电网企业代理其他用户购电价格的 1.5 倍执行。代理购电用户电价由代理购电价格、输配电价、政府性基金及附加组成。其中，代理购电价格随电力市场供需情况波动，波动部分将影响用户电价。

（三）用电变更

变更用电类业务包含：非永久性减容、减容恢复、暂停、暂停恢复、暂拆、暂拆恢复、暂换、暂换恢复、移表、更名、过户、销户、改类、受电装置变更、客户一般资料变更、临时用电延期、合同变更、结算户变更、分户、并户、批量新装、更换计量装置、一户多人口、增值税信息维护、免费电申请、代理购电协议签订。

业务定义：

- **非永久性减容**：10kV 及以上电压等级的用电客户在 2 年内，减少合同约定用电容量的业务。每次减少的容量应为整台或整组变压器（含高压电机）。

- **减容恢复**：指 10kV 及以上电压等级的用电客户在非永久性减容期限内，申请恢复已办理非永久性减容停用变压器／电动机的业务。

- **暂停**：指电压等级 10kV 及以上的客户申请暂时停止全部或部分变压器（整组或整台）用电。以用户编号为单位，每一日历年所有变压器累计暂停时间不得超过 180 天。

- **暂停恢复**：指 220V/380V 电压等级的用电客户办理暂拆业务后，在暂拆期限内，申请恢复装表用电。

- **暂拆**：指 220V/380V 电压等级的用电客户因修缮房屋等原因需要暂时停止用电并拆表（最长期限不得超过 6 个月）。

- **暂拆恢复**：指 220V/380V 电压等级的用电客户办理暂拆业务后，在暂拆期限内，申请恢复装表用电。

- **暂换**：10kV 及以上电压等级的用电客户因变压器／电动机故障而无相同容量变压器替代时，暂时换大容量变压器（10kV 最长期限不得超过 2 个月）。

- **暂换恢复**：指 10kV 及以上电压等级的用电客户办理了暂换业务后，在暂换期限内，申请恢复原有容量变压器的使用。

- **移表**：指 220V/380V 电压等级的用电客户，因修缮房屋或其他原因，在同一用电地址改变用电计量装置安装位置。

- **更名**：在用电主体、用电地址、用电容量、用电类别不变的情况下，客户因个人或公司名称发生变更后申请变更客户名称、用电客户名称。

- **过户**：过户包括产权人过户（居民产权人过户与非居过户流程一致，发起更名过户流程，需上传产权资料办理，办理完成后产权人和用电客户均变更）、实际用电人过户（原简易过户，仅为用电客户变更，产权人不变）两个子类，是指用电客户在用电地址、容量、类别不变的情况下，因用电地址所在用电主体产生变更而发生的业务，供电企业需与原用电客户解除供用电关系，与新用电客户建立新供用电关系。

- **销户**：指客户申请停止全部用电容量，并与供电企业终止供用电关系。

- **改类**：指在用电地址、用电容量均不变的情况下，客户因电力用途发生变化而提交的变更申请，含变更计量方式（如拆分计量点、变更电价类别等）、单电源改双电源等。

营销管理

受电装置变更： 是指在产权分界点、供电电源、供用电合同约定容量、计量方式、计量点数量、用电类别不发生变化的情况下，因客户需求进行受电装置改造、配电房改造、更换同等变压器等。

客户一般资料变更： 用于客户基本信息变更，如客户编号、邮政编码、传真号码、通邮地址、结算户地址、用户扩展属性、自定义查询号、行业分类、生产班次、厂休日、档案袋号、存放位置等。

临时用电延期： 临时用电到期客户延长临时用电期限的业务。

合同变更： 已签订《供用电合同》客户提出变更合同条款，重新签订《供用电合同》（含银行保函的变更）的业务。

结算户变更： 指变更新的结算户和结算户自身资料的变更。

分户： 指对于 10kV 及以上电压等级的用电客户，在用电地址、供电点、用电容量不变，且其受电装置具备分装的条件时，一户分列为两户及以上客户（内部流程为两个业务同时进行减容+新装）。

并户： 指对于 10kV 及以上电压等级的用电客户，在同一供电点、同一用电地址的相邻两户及以上客户合并为一户（内部流程为两个业务同时进行销户+增容）。

批量新装： 指 10kV 及以上的用电客户批量新装业务，主要针对住宅小区一户一表的批量新装。

更换计量装置： 指客户用电容量不变，因计量装置故障、失准或需轮换，按确保准确计量的要求更换计量装置，简称换表。该业务为内部流程，不需要客户申请。

一户多人口： 指 220V/380V 电压等级的居民用电客户，当一户家庭人口满 5 人及以上可申请每户每月第一、二、三挡分别增加 100 千瓦时阶梯电量基数，人数满 7 人及以上的也可选择申请执行合表居民客户电价。

增值税信息维护： 指维护客户增值税发票信息及类型，增值税发票类型包括增值税专用发票和增值税普通发票。增值税专用发票信息包含增值税税号、增值税银行、增值税银行账号、增值税登记地址、增值税登记电话；增值税普通发票包含增值税税号。

免费电申请： 指 220V/380V 电压等级的居民用电客户持有《特困人员救助供养证》《深圳市农村村民最低生活保障金领取证》享受居民阶梯优惠电价的业务申请（如果《深圳市城镇居民最低生活保证金领取证》《五保户供养证》仍在有效期内，则亦可办理免费电申请业务）。

代理购电协议签订： 指对暂未直接从电力市场购电的工商业客户，与电网企业签订《代理购电合同》，建立代理购电关系，由电网企业以代理方式从电力市场进行购电。

43 办理用电变更业务是否需要收费

答：（1）用电变更业务办理不收取任何业务手续费用，以产权分界点为界，涉及到用户产权设备、线路的有关设计、施工环节，由用户自主选择具有相关资质的施工单位，费用由用户与所选择的施工单位自行协商确定。

（2）对于申请新装或增容双回路或多回路（含备用电源、保安电源）收取高可靠性费用外，在整个报装服务过程中，供电局将不会向用户收取任何其他费用。对于其间涉及到用户产权用电设施的有关设计、施工环节，由用户自主选择具有相关资质的单位，费用由用户与所选择的单位自行协商确定。

（3）新装、轮换或改造的供电计量电表、表箱均由供电部门出资，不需用户交纳电表、表箱费用。以电表为产权分界点的，表后线路的安装由用户自行委托施工，有关费用和施工单位自行协商，供电局不负责用户产权设备的安装。

（4）电表进线增容需要办理低压增容手续，电表进线、电表属于供电部门资产，供电部门负责出资更换，不收任何费用。

44 如何办理销户手续

答： 销户业务是客户永久停止现用电地址用电并与供电企业终止供用电关系的用电变更业务。须向供电部门提出申请。按下列规定办理：销户必须停止全部用电容量的使用；在微信公众号、小程序、网上营业厅、南网在线 App 办理"停止用电"业务。10kV 及以上高压用电客户办理销户业务的，需自行委托具备相关资质的施工方拆除客户产权用电设备。低压居民客户需办理销户业务的，辖区供电局现场工作人员需确认现场确实不再有用电需求（如现场建筑物需要拆除、房屋产权人搬离等）。

（四）电能计量

电能计量的定义是指用于完成电能计量功能的各元器件的组合，它由电能表、计量用电压互感器、计量用电流互感器及相应的二次回路和计量柜（箱）等组成。包括的项目：电能计量管理规定、电能表的种类、电能表的基本常识、电能表的倍率、电能表误差、各种电能表的图表展示、计量装置的出资范围及方式。

45　电表有哪些种类

答： 目前南方电网公司的电表规格主要有：

（1）单相：220V，0.25-0.5（80）A；220V，0.1-0.5（80）A；220V，0.1-0.5（60）A；220V，0.1-0.5（60）A。

（2）三相三线：3×220V，0.01-0.05（10）A；3×220V，0.2-0.5（80）A；3×100V，1（10）A；3×100V，0.01-0.05（10）A。

（3）三线四线：3×220/380V，1（10）A；3×57.7/100V，1（10）A；3×57.7/100V，0.01-0.05（10）A。

46　如何计算电表容量

答： 以家庭常用的铭牌为"10（40）A"电表为例，数字10为标定电流，"40"为额定最大电流。"10（40）A"表明该表在5%×（10-40A）之间能准确计量和安全运行，电表最大满足功率为8.8kW（40A×220V=8800W）的电器所需。如果家庭所使用电器的总功率大于8.8kW时，就有安全隐患。

用户应根据电表所带家用电器设备电流的大小来适当选配电表，所选用电表的额定电流应大于或等于所带家用电器的计算电流。这是因为，若电表的额定电流小于所带家用电器设备的计算电流，就会因为过负荷运行而烧坏电表。

47　如何检验电表

答：确认是否为供电企业抄电表到户用户，如是且为供电企业计量的电表，

供电企业校验不收取验表费（如区局工作人员使用校表仪现场为用户校验），如用户对校验结果有异议，可向有资质的计量检定机构申请检定（如：深圳市计量质量检测研究院），为了公平、公正，电表由用户自行送检，供电企业负责上门拆、装电表，验表期间装接临时电表用电计费，用户向有资质的计量检定机构申请检定需用户交付验表费，如计费电能表的误差超出允许范围时，我公司退验表费及退补电费，如计费电能表的误差在允许范围内，验表费由用户自行承担。

48　电表丢失如何处理

答：如果电能表丢失，用户应向公安部门报案领取报案回执，并到供电企业营业厅办理换表手续，供电企业会安排用电检查员到现场核实，用户到营业厅补缴电费并办理有关手续，供电相关部门给予换表。

电表烧坏或损坏的，由用电检查所检查员到现场核实，用户到营业厅补缴电费并办理有关手续，供电局给予换表。

49　家用电表损坏的原因

答：居民家用电表损坏原因一般有以下几种：

（1）过负荷。由于计费电表容量小，而使用的家用电器太多、容量太大致使计费电表电流线圈长期过负荷发热而使电能表损坏。

（2）绝缘受潮击穿。由于电表装设地点过于潮湿或漏电等使电表绝缘能力降低而绝缘击穿烧坏。

（3）由于电表出入表线接触螺丝松或接触面积小，使电表端盒内接点发热而导致电表烧坏。

（4）由于电表的制造、检修不良而造成烧坏。

（5）由于雷击过电压而使电表击穿烧坏。

（6）由于外力机械性损坏，将电表砸碰而损坏。

（7）由于地震等自然灾害而损毁。

属供电部门抄电表到户的用电用户发现家用电表损坏，应及时通知供电部门处理，更换电表，用户不得自行处理。

二

用电管理

- （一）停电限电
- （二）违章用电
- （三）安全用电
- （四）电能质量
- （五）需求侧响应
- （六）负荷管理

（一）停电限电

50　计划停电是什么

答：供电企业为开展设备检修、新用户接入、电网改造等工作采取的有计划的停电，目的是确保电网安全可靠运行，保障社会生产及居民用电。为减少计划停电的影响，供电企业也会采用不停电作业、合环转供电等措施，做到"能少停就少停、能不停就不停"，保障用户的正常用电。

51　什么特殊情况会停电检修

答：根据《供电服务监管办法》规定：

（1）因供电设施计划检修需要停电的，供电企业应当提前7日公告停电区域、停电线路、停电时间，并通知受影响客户。

（2）因供电设施临时检修需要停电的，供电企业应当提前24小时通知受影响客户。

（3）因电网发生故障或者电力供需紧张等原因需要停电、限电的，供电企业应当按照批准的有序用电方案或者事故应急处置方案执行。

52　供用电抢修范围如何界定

答：一般按照产权归属单位负责电力设备维护管理的原则来界定供用电抢修范围。其中，供电企业负责自有电力设备故障后的抢修工作，而以下情况属用户抢修范围：

（1）客户因内部电器设备及线路或其他故障在产权分界点客户侧出现断电、供电不正常等情况由客户自行（或房屋产权单位）查找原因并处理。

（2）客户维护管理范围内发生的故障使总保险丝烧断，由客户自行解决。

（3）已实行抄电表到户，但资产尚未移交供电部门的，其产权范围内的故障仍由原维护单位负责。

53　专用变压器维护有哪些要求

答：根据《供电营业规则（2024）》第四十九条规定，用户独资、合资或集资建设的供电设施建成后，其运行维护管理按照以下规定确定：

（1）属于公用性质或占用公用线路规划走廊的，由供电企业统一管理；供电企业应当在交接前，与用户协商，就供电设施运行维护管理达成协议；对统一运行维护管理的公用供电设施，供电企业应当保留原所有者在上述协议中确认的容量。

（2）属于用户专用性质，但不在公用变电站内的供电设施，由用户运行维护管理；如用户运行维护管理确有困难，可以委托具有相应资质的企业代为运维管理，并签订协议。

（3）属于用户共用性质的供电设施，由拥有产权的用户共同运行维护管理；如用户共同运行维护管理确有困难，可以委托具有相应资质的企业代为运维管理，并签订协议。

（4）在公用变电站内由用户投资建设的供电设备，如变压器、通信设备、开关、刀闸等，由供电企业统一运维管理；建成投运前，双方应当就运行维护、检修、备品备件等事宜签订交接协议。

（5）属于临时用电等其他性质的供电设施，原则上由产权所有者运行维护管理，或由双方协商确定，并签订协议。

（二）违章用电

54　用电检查有哪些内容

答： 根据《用电检查管理办法》（1996年8月21日电力工业部令第6号发布）规定，用电检查包括：

（1）用电客户执行国家有关电力供应与使用的法规、方针、政策、标准、规章制度情况；

（2）用电客户受（送）电装置工程施工质量检验；

（3）用电客户受（送）电装置中电气设备运行安全状况；

（4）用电客户保安电源和非电性质的保安措施；

（5）用电客户反事故措施；

（6）用电客户进网作业电工的资格、进网作业安全状况及作业安全保障措施；

（7）用电客户执行计划用电、节约用电情况；

（8）用电客户计量装置、电力负荷控制装置、继电保护和自动装置、调度通信等安全运行状况；

（9）供用电合同及有关协议履行的情况；

（10）受电端电能质量状况；

（11）违章用电和窃电行为；

（12）并网电源、自备电源并网安全状况。

55　用电用户哪些行为属于违约用电

答： 根据《电力供应与使用条例》第五章第三十条规定：用户不得有下列危害供电、用电安全，扰乱正常供电、用电秩序的行为。

（1）擅自改变用电类别；

（2）擅自超过合同约定的容量用电；

（3）擅自超过计划分配的用电指标；

（4）擅自使用已经在供电企业办理暂停使用手续的电力设备，或者擅自启用已经被供电企业查封的电力设备；

（5）擅自迁移、更动或者擅自操作供电企业的用电计量装置、电力负荷控制装置、供电设施以及约定由供电企业调度的用户受电设备；

（6）未经供电企业许可，擅自引入、供出电源或者将自备电源擅自并网。

56　如何处理违约用电

答： 根据《供电营业规则（2024）》第一百零一条规定，供电企业对用户危害供用电安全、扰乱正常供用电秩序等行为应当及时予以制止。用户有下列行为的，应当承担相应的责任，双方另有约定的除外：

（1）在电价低的供电线路上，擅自接用电价高的用电设备或私自改变用电类别的，应当按照实际使用日期补交其差额电费，并承担不高于二倍差额电费的违约使用电费，使用起讫日期难以确定的，实际使用时间按照三个月计算。

（2）私增或更换电力设备导致超过合同约定的容量用电的，除应当拆除私增容设备或恢复原用电设备外，属于两部制电价的用户，应当补交私增设备容量使用天数的容（需）量电费，并承担不高于三倍私增容量容（需）量电费的违约使用电费；其他用户应当承担私增容量每千瓦（千伏安视同千瓦）五十元的违约使用电费，如用户要求继续使用者，按照新装增容办理。

（3）擅自使用已在供电企业办理减容、暂拆手续的电力设备或启用供电企业封存的电力设备的，应当停用违约使用的设备；属于两部制电价的用户，应当补交擅自使用或启用封存设备容量和使用天数的容（需）量电费，并承担不高于二倍补交容（需）量电费的违约使用电费；其他用户应当承担擅自使用或启用封存设备容量每次每千瓦（千伏安视同千瓦）三十元的违约使用电费，启用属于私增容被封存的设备的，违约使用者还应当承担本条第二项规定的违约责任。

（4）私自迁移、更动和擅自操作供电企业的电能计量装置、电能信息采集装置、电力负荷管理装置、供电设施以及约定由供电企业调度的用户受电设备者，属于居民用户的，应当承担每次五百元的违约使用电费；属于其他用户的，应当承担每次五千元的违约使用电费。

（5）未经供电企业同意，擅自引入（供出）电源或将备用电源和其他电源私自并网的，除当即拆除接线外，应当承担其引入（供出）或并网电源容量每千瓦（千伏安视同千瓦）五百元的违约使用电费。

57 窃电的定义

答：根据《供电营业规则（2024）》第一百零三条规定，禁止窃电行为。窃电行为包括：

（1）在供电企业的供电设施上，擅自接线用电。

（2）绕越供电企业电能计量装置用电。

（3）伪造或者开启供电企业加封的电能计量装置封印用电。

（4）故意损坏供电企业电能计量装置。

（5）故意使供电企业电能计量装置不准或者失效。

（6）采用其他方法窃电。

58 窃电行为如何处理

答： 根据《供电营业规则（2024）》第一百零四条规定，供电企业对查获的窃电者，应当予以制止并按照本规则规定程序中止供电。窃电用户应当按照所窃电量补交电费，并按照供用电合同的约定承担不高于应补交电费三倍的违约使用电费。拒绝承担窃电责任的，供电企业应当报请电力管理部门依法处理。窃电数额较大或情节严重的，供电企业应当提请司法机关依法追究刑事责任。

（三）安全用电

59　如何预防电气火灾

答： 为防止电气火灾给用户带来危害，应采取以下措施进行防止和控制：

（1）设备和路线设计要合理，安装可靠，禁止乱接电线或在既定线路上增加大负荷用电设备。

（2）电气设备、电热设备周围和电气线路下方不能堆放易燃物品，以免线路打火引燃物品，造成大面积火灾。

（3）电热器等设备用完后应及时断电，待余热散尽后再收存。

（4）根据电气设备容量选用保险装置，不可用铜丝代替保险丝。

（5）对老化线路应加强改造，并采用一定的阻燃套管防护。

（6）电气设备使用场所要有良好的通风和散热条件，并配备一定数量的灭火器具。

60　如何处理电器着火

答： 居民家庭在日常使用家电过程中，尤其是在清洁家用电器时，如家用电器不慎着火后不要慌，可采用以下方法扑救：立即关机，拔下电源插头或拉下总闸，如只发现电器打火冒烟，断电后，火即自行熄灭。如果是导线绝缘体和电器外壳等可燃材料着火时，可用湿棉被等覆盖物封闭窒息灭火。

特别应注意的是：在没有切断电源的情况下，千万不能用水或泡沫灭火器扑灭电器火灾，否则，扑救人员随时都有触电的危险。家用电器发生火灾后未经修理不得接通电源使用，以免触电、发生火灾事故。

61　如何理解变电站电磁辐射

答： 电磁辐射是指高频率的射频，国家环保局规定的电磁辐射防护限值最小频率为 10 万赫兹，而高压输电的频率仅为 50 赫兹，不属于电磁辐射范畴，只产生微弱的电磁感应。世界卫生组织和国际权威组织在有关高电压的正规文件上均称之为电磁感应。电磁感应在自然界普遍存在，人类生活的地球本身就是一个大磁场，我们每时每刻都生活在磁场包围中。另根据实测数据，变电站的电磁感应强度，不但远远低于国家标准，也远远低于我们日常使用的手机、冰箱、电视机，以及其他常见电子设备。变电站对环境的影响非常微弱，不会对人体产生危害。

根据《电力设施保护条例》第十五条等规定，所有的建筑物都必须在供电设施的保护区外。按照国家对高压设施电磁辐射的测试结果，电力设施的保护范围和保护区里，电磁辐射水平都在国家标准规定的居民区安全范围以内，而在电力设施的保护范围和保护区以外，供电企业的电力设施产生的电磁场是非常轻微的。而且一般电磁的辐射是随着距离的增加而快速减少的。另外，国家相关辐射标准也是在依据一定的科学研究成果的基础上制定的，严格按照国家标准建设的电力设施对公众而言是安全的。

62　如何治理变电站设施噪声

答：电力设施产生的噪声，分为两类：一种是由输电线路的电晕放电可发出可听噪声，另一种是变电站内设备产生的噪声。变电站噪声主要来自变压器冷却风扇的空气动力噪声和变压器、电抗器铁芯的电磁噪声。

目前降低噪声采取的措施有：

一是输电线路设计时优化导线结构，达到降低噪声的目的；

二是变电站或换流站设计时选用低噪声设备，对产生噪声大的设备考虑安装在户内或采用吸声材料进行屏蔽。

63　城中村居民用户如何做好用电安全

答：（1）提前做好家居安全用电检查，对家庭漏电保护开关进行测试，确保漏电保护正常动作，防止电器线路外壳带电。

（2）打雷、闪电时最好不要开电视、电脑等电子产品，不要冲凉或洗衣服，以免感应雷通过供电线、电话线、有线电视线、住房外墙或柱子等入侵室内，对电器设备造成破坏，严重时可能引起火灾、爆炸，危及人身安全。

（3）屋内进水时，应断开进线电源总开关，防止因雨水淹没用电设备等引起人身触电。如果用电设备被水浸泡，在水退后不要马上送电，应仔细检查，确认完好安全后方可恢复使用。

如果发生有人触电事故，不要贸然靠近或接触触电者尝试施救，先确保自己处于安全区域；如果能找到电源开关，则应尽快切断电源；如果无法找到开关或切断电源，在有绝缘材料工具的前提下，可尝试使触电者和电源分离。

64　如何预防恶劣天气触电事故

答： 台风、雷雨季节，在外出行要特别小心。台风可能损坏广告牌、电力设施，折断树木，雷电对人畜、建筑物、各种电气设备都具有危害性。

（1）室内注意事项：

一是提前做好家居安全用电检查，对家庭漏电保护开关进行测试，确保漏电保护正常动作，防止电器线路外壳带电。

二是打雷、闪电时最好不要开电视、电脑等电子产品，不要冲凉或洗衣服，以免感应雷通过供电线、电话线、有线电视线、住房外墙或柱子等入侵室内，对电器设备造成破坏，严重时可能引起火灾、爆炸，危及人身安全。

三是屋内进水时，应断开进线电源总开关，防止因雨水淹没用电设备等引起人身触电。如果用电设备被水浸泡，在水退后不要马上送电，应仔细检查，确认完好安全后方可恢复使用。

（2）户外注意事项：

一是台风雷雨等恶劣天气期间外出，不要在变压器、架空线或电线杆下避雨；不要靠近有安全警示标识的设施，尽量避免靠近路灯、霓虹灯、广告牌等用电设备，以防发生人身触电或被砸伤。根据国家相关电力规程规定，人员、工具及材料与设备带电部分的非作业（巡视、参观等）安全距离，根据不同的电压等级，划分如下：10千伏及以下0.7米，20千伏及35千伏1米，66千伏及110千伏1.5米，220千伏3米，500千伏5米。

二是在潮湿的情况下，应尽量避免接触带电设施的外壳，特别是金属材质或其他可能导电的材料；如果发现灯箱等带电设施周边有大量积水，建议绕行不要靠近。

三是如发现电线杆倒杆、供电线路断落、线路放电、供电设备起火等情况，应立即远离，至少10米以外，并拨打当地供电部门报修电话。

四是如发现积水区域或其周边存在裸露线头、掉落线缆，不管是否能判断其带电，都切勿靠近，并第一时间通知有关部门或供电企业进行排查处理，提醒、劝阻其他人不要靠近。

（四）电能质量

65　电压波动是什么

答：根据《电能质量　电压波动和闪变》（GB/T 12326—2008），电压波动是指电网电压有效值（方均根值）一系列的变动或连续的改变。电压波动值以用户公共供电点在时间上相邻的最大与最小电压方均根值之差对电网额定电压的百分值来表示；电压波动的频率用单位时间内电压波动（变动）的次数来表示。

66　闪变是什么

答：闪变是指人视觉系统在光源光照强度变化时产生的不适应。闪变用于说明对不同频率电压波动引起灯闪的敏感程度及引起闪变刺激。引起电压闪变的原因有很多，主要分为三类：一是电源引起的电力系统电压闪变；二是负载的切换、电动机的启动引起的电压闪变；三是冲击性负荷投入电网运行引起的电压闪变。

抑制电压闪变的方法如下：

（1）合理的选择变压器的分接头以保证用电设备的电压水平。在新建变电站或用户新增配电变压器，应尽可能采用有载调压变压器。

（2）设置电容器进行人工补偿。电容器分为并联补偿和串联补偿。并联电容补偿主要是为了改变网络中无功功率因数，从而抑制电压波动、提高用户功率因数、改变电压质量。串联电容补偿主要是为了改变线路参数，从而减少线路电压损失、提高线路末端电压并减少电能损耗。

（3）线路出口加装限流电抗器。在发电厂 10kV 电缆出线和大容量变电站线路出口加装限流电抗器，以增加线路的短路阻抗，限制线路故障时的短路电流，减少电压的波及范围，提高线路遭短路时的电压。

（4）采用电抗值最小的高低压配电线路方案。电缆线路的电抗约为架空线路的 1/5，因此，应尽量优先采用电缆线路供电。

（5）配电变压器并列运行。变压器并列运行是减少变压器阻抗的唯一方法。

（6）大型感应电动机带电容补偿。其目的主要为了对大型感应电动机进行个别补偿。在线路结构上使电动机和电容器同时投入运行，电动机较大的滞后启动电流和电容器较大的超前冲击电流的抵消作用，使其从一开始启动就有了良好的功率因数，并且在整个负荷范围内都保持良好的功率因数，对电力系统电压波动起到了很好的稳定作用。

（7）改变系统设计，降低电压扰动。故障线路的电压波动程度要大于相邻线路。把重要负荷和经常出现故障的线路或干扰源分开是降低电压扰动的可行方案之一。这里所说的干扰源是指有大型电机启动或轧钢机等冲击性负荷的用户。改变系统设计是供电部门在与用户签署供用电合同时事先考虑的问题。需要供电部门长期统计出年故障次数少或干扰源小的线路提供给重要负荷使用，减少用户的投诉和用电的损失。

（8）采用电力稳压器稳压。这种电力稳压器主要用于低压供配电系统，能在配电网络的供电电压波动或负载发生变化时自动保持输出电压的稳定，确保用电设备的正常运行。

67 如何治理电能质量

答： 电能质量问题的防治是一个复杂的系统工程，不同的电能质量问题对应着不同的解决措施。如治理谐波可分为预防和补救两方面：

（1）预防性治理是指在设备的制造和设计过程中充分考虑到其对电网的谐波注入效应，采取措施最大限度的减少谐波的产生。

（2）补救性治理是指设备投入运行后安装附加的谐波治理设备来抵消减少系统中已有的谐波。对于用户侧电压暂降问题，用户侧可采用配置耐受度高的生产设备、差异化配置生产设施、加装电能质量保护装置如动态电压调节器（DVR）、不间断电源（UPS）等措施，特别是生产线对电压暂降敏感的用户，最好在投产前提前邀请专业机构进行评估设计，采取针对性防范措施，可以大幅降低后期治理的投资。

具体的治理方案和所需产品规格也是因项目而异的，遇到这方面的难题最好还是找专业机构及专家咨询解决方案。

68　如何治理谐波

答：谐波的产生原因有很多，例如发电侧质量不高产生谐波、输配电系统产生谐波、用电设备产生谐波等。谐波的产生影响着企业的正常生产运行，加速了设备的老化，危害着生产安全与稳定、浪费着电能，所以谐波的治理是很重要的问题。谐波治理的方法大体分为有源滤波和无源滤波两种。

（1）有源滤波是一种用于动态抑制谐波、补偿无功的新型电力电子装置，它能够对大小和频率都变化的谐波以及变化的无功进行补偿。有源滤波反应动作迅速，价格高，无源滤波成本低，谐波滤除率低。

（2）无源滤波是利用电感、电容和电阻的组合设计构成的滤波电路，可滤除某一次或多次谐波，无源滤波由于其价格优势、且不受硬件限制，广泛用于电力、钢铁、冶金、石化、汽车等行业。

有源滤波器因无法解决的硬件问题，在大容量场合无法使用，适用于电信、医院等用电功率较小且谐波频率较高的单位，优于无源滤波。但具体的治理方案和所需产品规格也是因项目而异的，遇到这方面的难题最好还是找专业机构及专家咨询解决方案。

（五）需求侧响应

69　需求侧响应是什么

答：根据《电力需求侧管理办法》（2023年版），需求侧响应是指应对短时的电力供需紧张、可再生能源电力消纳困难等情况，通过经济激励为主的措施，引导电力用户根据电力系统运行的需求自愿调整用电行为，实现削峰填谷，提高电力系统灵活性，保障电力系统安全稳定运行，促进可再生能源电力消纳。

70　如何参与需求响应

答：目前电力市场化交易的 10kV 及以上专变工商业用户均可注册并参加需求响应，经深圳供电局代理购电的 10kV 及以上专变工商业用户也可以注册并参加需求响应，响应的规模根据交易机构发出的需求响应邀约来确定，不针对特定的行业、产业。符合条件的用户可直接在"广东电力市场零售平台"微信小程序注册需求响应资源。

71　参与需求响应交易有哪些流程

答：根据《关于广东省市场化需求响应相关事项的通知》（广东交易〔2023〕93号），交易中心提前3天发布日前邀约需求响应，用户根据自己的负荷情况，自主填写申报容量、申报价格。申报截止时间为 $D-1$ 日 11:00，出清时间为 $D-1$ 日 12:00，$D-2$ 日 24:00 前申报享受保底价 1.5 元/kWh。D 日用户需根据中标时段、中标容量按要求降低用电负荷。

72　需求响应申报价格是多少

答：根据《广东省市场化需求响应实施细则（试行）》（广东交易〔2022〕54号），目前申报价格上下限为70~3500元/MWh。

73　如何计算需求响应收益

答：（1）实际响应容量执行率在（50%~80%）之间，则该小时的收益按实际响应容量的50%结算。

（2）实际响应容量执行率在（80%~120%）之间，则该小时的收益按实际响应容量足额结算。

（3）实际响应容量执行率大于120%，则该小时的收益按中标响应容量的120%进行结算。

（4）以上收益费用均按小时进行计算，且收益计算包含响应费用、考核费用两个部分。收益和考核均纳入用户电费单。

（5）实际响应容量执行率低于50%，视为无效响应，需参与考核，计算方式请参考75问。

74　需求响应考核如何计算

答：当用户的实际响应率低于中标容量的50%时，视为无效响应，收益结算为0，并且会被考核。此时要按照中标容量的50%和实际响应量之差，按出清价的60%和0.5元/千瓦时取大对该用户进行考核。以下分两种情况分别举例说明。

（1）用户仅仅只是申报，并未实际执行。此时按中标容量的50%进行考核。

举例：用户A某个小时的中标容量为1MW，实际响应容量为0MW时。

考核容量为：1×50%=0.5MW

①当出清价为3500元/MW时

考核费用为：0.5×3500×60%=1050（元）

②当出清价为700元/MW时，由于700×60%=420元<500

则考核费用为：0.5×500=250（元）

考核费用按小时计算。

（2）用户确实执行需求响应了，但是没有执行到位。

举例：用户 B 某个小时的中标容量为 1MW，实际响应容量为 0.3MW（未达到 1MW 的 50%，即 0.5MW）时：

考核容量为：0.5-0.3=0.2MW

①当出清价为 3500 元 /MW 时

考核费用为：0.2×3500×60%=420（元）

②当出清价为 700 元 /MW 时，由于 700×60%=420 元 <500

则考核费用为：0.2×500=100（元）

考核费用按小时计算。

（六）负荷管理

75　电力负荷管理是什么

答： 电力负荷管理是指为保障电网安全稳定运行、维护供用电秩序平稳、促进可再生能源消纳、提升用能效率，综合采用经济、行政、技术等手段，对电力负荷进行调节、控制和运行优化的管理工作，包含需求响应、有序用电等措施。

76　有序用电是什么

答： 有序用电是指在可预知电力供应不足等情况下，依靠提升发电出力、市场组织、需求响应、应急调度等各类措施后，仍无法满足电力电量供需平衡时，通过行政措施和技术方法，依法依规控制部分用电负荷，维护供用电秩序平稳的管理工作。

77　为什么需要安装电力负荷管理装置

答： 根据《国家发展改革委办公厅国家能源局综合司关于推进新型电力负荷管理系统建设的通知》（发改办运行〔2022〕471号）、《广东省能源局关于做好新型电力负荷管理系统建设有关工作的通知》（粤能电力函〔2023〕142号）要求，为做好碳达峰、碳中和目标背景下的电力安全保供工作，加强电力运行调节，深化电力负荷管理，逐步实现10千伏（6千伏）及以上高压用户全覆盖。负荷聚合商、虚拟电厂应接入新型电力负荷管理系统，确保负荷资源的统一管理、统一调控、统一服务，电网企业为第三方经营主体提供数据支撑和技术服务。

78　灵活避峰与市场化需求响应的区别

答： 灵活避峰需求响应和市场化需求响应是两个交易品种，这两个交易品种都是可以通过用户压减负荷的方式获得响应收益。

灵活避峰需求响应主要是针对有序用电用户开发的新交易品种，当电网出现电力负荷缺口的时候，交易中心通过启动灵活避峰需求响应，通知有序用电用户按照用电负荷管理规则在规定的时间内压减（除保安负荷外）全部负荷的方式参与灵活避峰需求响应，交易中心根据用户实际压减的负荷量按照补贴标准（1.5 元 / 度）计算用户实际获得的补贴金额。

市场化需求响应是在交易中心发布市场化需求响应邀约的时候，用户根据自己的负荷情况，自主填写申报容量、申报价格，交易中心根据交易规则公布最终的出清结果，用户根据中标容量在响应日压减负荷，并获得与之对应的响应收益。

79　灵活避峰需求如何调用和通知用户

答： 供电企业调度中心在 D-1 日前会发布负荷预警信息，由各供电企业根据灵活避峰需求响应资源池内用户所属有序用电群组调用，并在 D-1 日通过电话、短信、上门方式通知用户参与紧急避峰需求响应。

80　电力负荷管理装置需要安装哪些设备

答： 电力负荷管理装置包括负荷管理终端、分支装置、智能断路器及其二次回路等，它主要实现负荷精准控制和用户常态化、精细化用能管理。对于存量改造用户，拟优先选择低压开关柜背墙（就近选址）位置，挂墙安装计量表箱，用于装设负荷管理终端、分支装置等；对于业扩新增用户，要求在低压进线柜前，增设 1 面分路负荷监控柜，用于装设负荷管理终端、分支装置等。

81　如何确定电力负荷管理装置产权、安装及维护界面

答： 电力负荷管理装置（包含负荷管理终端、分支装置、智能断路器及其二次回路）中负荷管理终端和分支装置由供电方提供，产权归属于供电方，由供电方负责安装。

按产权归属由供电方负责其电力设施的维护、日常管理和安全工作，并承担产权范围内供用电设施上发生生产事故、安全事故等引起的法律责任和损害赔偿责任。但安装在用电方处的电力负荷管理装置，用电方应妥善保护，采取合适的措施防止外力和第三人破坏。

三

综合能源

- （一）充电桩
- （二）分布式光伏
- （三）储能
- （四）绿电

（一）充电桩

82　顺易充充电价格是多少

答： 根据《广东省发展改革委关于进一步深化我省电价改革有关问题的通知》（粤发改价格〔2021〕402号）的规定，有序推动工商业用户全部进入电力市场，按照市场价格购电。市场交易在"基准价＋上下浮动"范围内形成上网电价，因此充电电价将根据每月市场电力购价浮动。

各充电站具体收费标准以顺易充App、小程序上公示为准，可点击顺易充App、小程序首页【充电站查找】，查找对应场站查看。如有任何问题可联系4006895598客服热线咨询。

顺易充服务费收费依据：深圳供电局建设所有充电设施收费标准由充电电费和充电服务费组成，其中充电服务费根据《深圳市发展和改革委员会关于转发广东省发展改革委关于我省新能源汽车用电价格有关问题的通知》（深发改〔2018〕791号）文件，各地级以上市价格主管部门制定的各类电动汽车充电服务费标准上限，最高不得超过每千瓦时0.8元。

83 新买新能源汽车如何报装用电

答： 车主购买新能源汽车后，需用户向供电企业提交报装材料申请用电，供电企业只负责装表接电，表后线路及桩体需用户自行联系厂家或电工进行安装。用户可以通过南网在线 App、南网在线微信服务号、网上营业厅、营业厅（可同城受理）等多渠道申请报装用电。办理充电桩报装用电业务需提供以下资料：

（1）产权证明（满足以下任意一项任一类即可）：

- 已实施抄电表到户的商品性住房小区、保障性住房小区内的停车场、公共用地：该用电区域的业主（业主委员会）或物业管理单位出具的同意安装书面证明材料；

- 小区的独栋楼内（含别墅）（车位在产权范围内）：用电地址产权证明（房产证）；

- 城中村自建楼外（车位在自建楼楼体外的公共区域）：用电地址公共区域产权单位出具的用电同意书；

- 城中村客户自家门前安装充电桩产权证明（如：宅基地证书上有含面积及平面图）已明确充电桩安装位置为客户房产规范红线内：产权合法性证明资料（例：《房地产权证》《不动产权证》《房产证》等）；

- 合法性未明确的公用区域（如：市政公共区域、城中村的公共区域及停车场）：该用电区域的相关行政管理部门（如：街道办、城管局、交委）出具的同意安装书面证明材料代替。

（2）业主身份证明；非业主办理的需提供经办人身份证和授权委托书；

（3）缴费银行帐户（如果采用银行代扣形式的则需提供，不采用银行代扣形式则不提供）。

注意：该资料为受理时申请资料，后续办理过程中工作人员可能会根据用户现场实际情况，让用户提交补充材料，届时请以工作人员收取的资料为准。

84　个人报装充电桩如何收费

答： 根据深圳市发展和改革委员会《关于转发广东省发展改革委关于我省新能源汽车用电价格有关问题的通知》(深发改〔2018〕791号)要求，对公司直接报装接电的充电设施执行的电价如下：

（1）深圳市各类已安装独立电表的电动汽车充电设施用电，按报装容量执行对应的第一类用电或第二类用电（原大量用电或高需求用电）电价标准。报装容量在100千伏安及以下的，或者公用变压器接入的充电设施，按第一类用电（原大量工业）低供低计执行电价（对应深圳供电局有限公司代理购电用户电价表中第一类工商业用电10千伏高供低计的价格），各类已安装独立电表的电动汽车充电设施用电均免收基本电费。

（2）深圳市电动汽车充电设施用电减免基本电费事项不再需报深圳市发展改革委员会进行认定。

根据《国家发展改革委等部门关于进一步提升电动汽车充电基础设施服务保障能力的实施意见》(发改能源规〔2022〕53号)提出"新建居住社区要确保固定车位100%建设充电设施或预留安装条件。预留安装条件时需将管线和桥架等供电设施建设到车位以满足直接装表接电需要"和"鼓励'临近车位共享''多车一桩'等新模式"。

为了落实国家"临近车位共享""多车一桩"新模式要求，更精准地为新能源汽车车主提供便捷充电服务，助力新能源发展，供电企业推出充电易。通过走访、调研等方式，全面普查现有小区、城中村潜在充电桩安装需求，主动与物业公司、村委协商装表方案，对有意愿安装且具备安装条件的立刻安排提前装设电表。车主安装充电桩后，直接扫一下充电易电表上的二维码，可当即完成用电办理，更为方便快捷。

2023年9月26日，深圳市发展和改革委员会关于印发《深圳市新能源汽车充换电设施管理办法》的通知（深发改规〔2023〕10号），对业主方和物业服务方加强新能源汽车充换电设施安全风险防范和安全监督管理提出了具体要求。对于物业公司或业委会尚未同意深圳供电局充电易服务的小区，新能源车主若无车位产权，可凭身份证明材料和物业（或业委会）同意相关材料进行用电报装，深圳供电局进行装表接电。

深圳供电局根据客户提供的报装资料在相应地址对充电设备进行装表接电，不收取报装费用。

85　城中村报装充电桩需要哪些材料

答： 按以下三种情况说明：

（1）城中村客户自家门前安装充电桩产权证明（如：宅基地证书上有含面积及平面图）已明确充电桩安装位置为客户房产规范红线内：产权合法性证明资料（例：《房地产权证》《不动产权证》《房产证》等）。

（2）城中村客户自家门前安装充电桩产权证明已明确充电桩安装位置不在客户房产规范红线内，产权合法性证明资料：街道办以上的政府部门开具的证明。

（3）城中村客户自家门前安装充电桩产权证明上没有相关明确信息，产权合法性证明资料：街道办以上的政府部门开具的证明。

（二）分布式光伏

86　光伏发电申请并网需要什么资料

答： 为确保不向违法建筑供电，只有所在建筑已合法用电或能提供用电报装相关资料的项目，才能申请光伏并网接入（即使原来有用电，但后来违法加建的，也属于违法建筑，不能申请并网）。

（1）380（220）伏自然人（个人）投资项目并网申请资料清单：

- 项目业主身份证明资料。
- 项目拟建设地点的物业权属证明资料。
- 如项目位于共有产权区域，需提供业主委员会出具的项目同意书或所有相关居民签字的项目同意书。
- 银行账户资料及对应开户人身份证明材料。
- 地方政府部门要求提供的其他相关资料。

（2）220（380）伏非自然人项目（非个人）投资项目并网申请资料清单：

- 营业执照或组织机构代码证，法人代表身份证明资料。
- 项目拟建设地点的物业权属证明资料。
- 如项目位于共有产权区域，需提供业主委员会出具的项目同意书或所有相关业主签字的项目同意书。
- 如项目采用合同能源管理方式，同时需提供与电力用户签订的能源服务管理合同，提供项目管理方资料（工商营业执照、税务登记证等）。
- 银行账户资料及对应开户人身份证明材料。
- 地方政府部门要求提供的其他相关资料，含项目备案证等。

（3）10（20）千伏项目投资项目并网申请资料清单：

- 营业执照或组织机构代码证，法人代表身份证明资料。
- 项目拟建设地点的物业权属证明资料。

综合能源

- 如项目采用合同能源管理方式，需提供与电力用户签订的能源服务管理合同，提供项目管理方资料（工商营业执照、税务登记证等）。
- 银行账户资料及对应开户人身份证明材料。
- 地方政府部门要求提供的其他相关资料，含项目备案证等。

备注：物业权属证明指（任意一种）：

- 不动产证（房产证）。
- 宅基地证。
- 购房合同。
- 国有规划土地许可证、国有规划建设许可证。
- 政府土地职能部门意见。
- 深圳市农村城市化历史遗留违法建筑普查申报收件回执 + 社区工作站证明材料 + 业主承诺书。

87　光伏发电电费如何结算

答：供电企业按抄电表周期完成分布式光伏发电项目上、下网和发电侧电量抄录、并与用户进行确认。上、下网电量分别计量、分开结算，不直接抵扣，并出具相应的电量、电费结算单。上网电量按国家相关规定全额结算，下网电量按核定的售电电价收取电费。如相关用电户是实行居民阶梯电价的，下网电量供电企业按居民阶梯电价收取电费，自发自用电量部分不计入阶梯电价适用范围。

88　光伏发电并网电价如何计算

答：（1）小规模纳税人：个人、不经常发生应税行为的非企业性单位（如：政府事业单位、社会团体、学校、医院等）和小规模纳税人企业。

投资的分布式光伏发电项目，以当地燃煤机组不含税标杆上网电价和3%增值税简易税率计算实际结算价格每千瓦时 0.4129 元（含 3% 税），实际结算价格 = 广东省燃煤机组标杆上网电价（含税）/（1+13%）×（1+3%）。

（2）一般纳税人：实际结算价格 = 广东省燃煤机组标杆上网电价（含税）=0.4530（含税）。

Tip: 根据《关于降低我省燃煤发电企业上网电价有关问题的通知》（粤发改价〔2015〕180号）、《国家发展改革委关于降低燃煤发电上网电价和一般工商业用电价格的通知》（发改价格〔2015〕3105号）近两年广东省燃煤机组标杆上网电价（含税）如下：

2015 年 4 月 19 日以前：每千瓦时 0.502 元

2015 年 4 月 20 日—12 月 31 日：每千瓦时 0.4735 元

2016 年 1 月 1 日以后：每千瓦时 0.4505 元

89　如何维护光伏发电的电能计量装置

答： 分布式光伏发电项目电能计量装置由供电企业免费提供并安装。在项目发电装置出口装设计量装置，满足项目发电量计量要求。在产权分界点设置计量关口点，满足上、下网电量双向分开结算要求，按照规程要求配置电能计量装置和计量自动化终端，具备正反向计量功能、分时计量功能和整点电量冻结功能，具备电流、电压、功率、功率因数测量及显示功能，采集信息及时反馈给项目业主。不论售电人或购电人发现电能计量装置异常或出现故障而影响电能计量时，应立即通知对方，共同排查问题，由产权所属方修理并尽快恢复正常计量。

90　如何办理光伏发电过户业务

答： 光伏发电用户办理过户业务需前往供电营业厅申请，所需资料如下：

（1）220（380）伏自然人项目：

- 分布式光伏发电项目业务变更申请表。
- 新、旧项目业主身份证明资料。
- 银行账户资料及对应开户人身份证明资料。
- 分布式光伏发电项目转让协议。
- 项目建设地点物业权属证明资料（如物业权属变更）。

（2）220（380）伏非自然人项目：

- 分布式光伏发电项目业务变更申请表。
- 新、旧项目业主营业执照或组织机构代码证，法人代表身份证明资料。
- 银行账户资料及对应开户人身份证明资料。
- 分布式光伏发电项目转让协议。
- 如项目采用合同能源管理方式，还需提供与电力用户签订的能源服务管理合同。
- 变更后的分布式光伏发电项目备案证。
- 项目建设地点物业权属证明资料。

（3）10（20）千伏项目：

- 分布式光伏发电项目业务变更申请表。
- 新、旧项目业主营业执照或组织机构代码证，法人代表身份证明资料。
- 银行账户资料及对应开户人身份证明资料。
- 分布式光伏发电项目转让协议。
- 如项目采用合同能源管理方式，还需提供与电力用户签订的能源服务管理合同。
- 变更后的分布式光伏发电项目备案证。
- 项目建设地点物业权属证明资料。

（三）储能

91　新型储能有哪些分类

答：（1）按技术路线可分为物理储能、电化学储能、电磁储能以及氢储能等。其中，物理储能包括压缩空气储能、飞轮储能等；电化学储能包括锂离子电池、铅炭电池、液流电池、钠离子电池等；电磁储能包括超级电容器、超导储能等。

（2）按部署位置可分为电源侧、电网侧和用户侧储能三大类[《电网公平开放监管办法》（国能发监管规〔2021〕49号）]。其中，电网侧储能包括电网替代型储能（由电网企业投资建设，替代输配电投资，成本纳入输配电价）和电网独立储能（由市场化主体投资，参与系统运行调节，以市场化机制获取收益）[《关于进一步推动新型储能参与电力市场和调度运用的通知》（发改办运行〔2022〕475号）]。

92　新型储能有哪些功能

答：新型储能具备快速响应、灵活调节、柔性可控以及有功无功四象限运行能力，可实现系统调峰、调频、调压、备用、黑启动，以及局部平抑新能源波动、缓解输配电阻塞和电压越限等多种功能。

93 储能接入电网的电价如何计算

答： 根据广东省发展和改革委员会、广东省能源局 2023 年 5 月 30 日联合印发的《广东省发展改革委广东省能源局关于印发广东省促进新型储能电站发展若干措施的通知》（粤发改能源函〔2023〕684 号文）。用户侧储能项目使用产品经认定符合先进优质产品标准规范的，其储能设施用电量单独计量，电价参照全省蓄冷电价政策执行。蓄冷电价采用峰平谷电价，以用户对应电价类别的平段电价为基础，峰平谷电价比价 1.65:1:0.25，各项政府性基金和附加不参与峰平谷电价比价计算。

94 除了夜晚充电优惠外，还有哪些时段充电可以优惠

答： 一是广东（深圳）现行峰谷分时电价政策的设置是适合当前产业结构、经济发展和风电光伏等新能源分布情况的；二是用户侧储能午间充电窗口拓宽需慎重考虑广东省电力系统的整体负荷特性（11:30 左右达到峰值，11:30-13:30 负荷曲线稍有"小低谷"，13:30 左右负荷再次达峰），储能集体充电运行将抬高午间负荷曲线，增大高价气电、煤机发电出力，压缩抽水蓄能运行空间（白天调峰主要依赖抽蓄和煤、气等火电机组）。

（四）绿电

95　什么是绿电、绿证

答：根据《国家发展改革委　财政部　国家能源局关于做好可再生能源绿色电力证书全覆盖工作促进可再生能源电力消费的通知》（发改能源〔2023〕1044号）的相关要求，绿色电力（简称"绿电"）是指符合国家政策要求且附带绿证的可再生能源电量，包括风电、光伏、常规水电、生物质发电、地热能发电、海洋能发电等可再生能源。

绿色电力证书（简称"绿证"）是指国家能源局对符合条件的可再生能源电量核发具有唯一代码标识的凭证，作为可再生能源电量环境属性的唯一证明，是认定可再生能源电力生产、消费的唯一凭证，1个绿证对应1000千瓦时（即1兆瓦时）可再生能源电量。每个证书具有唯一编码，只有拿到绿证，发电企业、电力用户才能分别证明自己发出和使用的是绿电。

96　绿电交易分为哪几种形式

答：目前，根据交易主体的不同，主要分为绿电直接交易和绿电认购交易。

绿电直接交易主要面向已参与中长期交易的市场主体，是以绿色电力为标的物，由市场化用户与售电公司开展电力中长期交易并同时提供绿证的电力交易行为。

绿电认购交易主要面向电网代购用户、优先购电用户、由电网企业统一收购电量的发电企业、售电公司可代理电力用户等代理购电主体，是以绿色电力为标的物，由代理购电主体在每个电费结算周期以后，向电力交易中心提出绿电需求并开展电力交易，同时提供绿证的电力交易行为。

97　有哪些绿电绿证交易机构

答：（1）绿电交易。

目前由广州电力交易中心统筹南方五省区绿电绿证交易工作，各省级电力交易中心负责辖区内绿电交易工作。

市场化用户可通过广州电力交易中心进行跨省跨区绿电直接交易、通过各省级电力交易中心进行省内市场的绿电直接交易。

代理购电主体可通过广州电力交易中心、各省级电力交易中心进行认购交易。

（2）绿证交易。

用户可通过中国绿色电力证书交易平台，以及北京电力交易中心、广州电力交易中心开展交易。适时拓展至国家认可的其他交易平台，绿证交易信息应实时同步至核发机构（国家能源局）。现阶段可交易绿证仅可交易一次。

98　绿色电力价格由哪些元素组成

答： 绿色电力价格由电能量价格（生产运营成本）和绿证价格（环境价值属性）组成。

电能量价格（生产运营成本）由市场化用户与售电公司协商，代理购电用户由所在省区电网企业代理购电价格或目录电价决定。

绿证价格（环境价值属性）是在电能量价格基础上的溢价，不参与输配电损耗计算，不执行峰谷分时电价政策，价格随供需市场波动变化。

（截止2023年1月1日前投产的常规水电项目电量的绿证价格默认为0元/张，无需另行申报。）

99 市场化用户、代理购电用户参与绿电交易的时序是怎么样的

答： 现阶段，主要分为事前交易、事后认购交易及优先认购交易。

事前交易面向市场化用户。市场化用户通过与售电公司签订的中长期交易合同中对绿电的需求量、交易价格等相关内容进行约束，每月统计电费使用情况后据实结算。

事后认购交易、优先认购交易面向电网代购用户、优先购电用户、由电网企业统一收购电量的发电企业、售电公司可代理电力用户等代理购电用户。代理购电用户根据每月实际产生的电量使用情况，在电网企业完成电力用户、发电企业抄表工作后组织开展。

100 绿电交易如何结算

答：（1）绿电交易保持电网企业结算模式。

（2）绿电交易的电能量和绿证价格费用分开结算。电能量费用按照跨省跨区、省内电力中长期市场交易规则或方案进行结算。其中，绿色电力交易在同一优先级的跨省跨区电力中长期交易电量中优先分割确认。

（3）市场主体实际发用电量与绿色电力交易合同的偏差电量，绿色电力交易合同与绿证价格结算电量的偏差电量按照各市场规则或交易方案具体要求进行结算。

（4）绿证价格结算电量原则上应为 1000 千瓦时（即 1 兆瓦时）的整数倍，不足 1000 千瓦时（即 1 兆瓦时）的电量尾差情况造成绿证自然损失由发、用双方自行协商确定。

（5）跨省跨区电能量结算优先于省内电能量结算，对跨省跨区送电偏差引起的省内偏差，各省按照省内规则疏导；跨省跨区绿证价格结算与省内绿证价格结算优先级相同，按照跨省跨区、省内绿色电力交易合同电量各自占比计算对应的用电量或上网电量。

101　参与绿电绿证交易是否会产生额外费用？绿证收益归哪方所有

答：参与绿电绿证交易均不会产生额外费用，绿电绿证交易所产生的环境溢价收益均归发电企业所有。其中：

（1）平价（低价）可再生能源项目。平价（低价）可再生能源项目参与绿色电力交易，环境价值产生的附加收益归发电企业所有。

（2）自愿放弃中央财政补贴项目。发电企业放弃补贴的电量，参与绿色电力交易的全部收益归发电企业所有。

（3）享受补贴的可再生能源项目。享受补贴的可再生能源项目自主选择参与绿色电力交易时，高于项目所执行的煤电基准价的溢价收益等额冲抵国家可再生能源补贴，在国家可再生能源补贴发放时等额扣减。

四

工程建设

▶ （一）变电站建设
▶ （二）配网建设
▶ （三）迁改扩建

（一）变电站建设

102　建公用变电站好处是什么

答：（1）公用变电站供电可靠性更高。

以深圳为例，公用变电站主网架供电更可靠。供电企业基于坚强的电网规划和自主研发的设备的投入。公用变电站优点是电网是以链式、网络式组网运行，公用变电站之间、线路之间互为备用支援，极大地提升了供电可靠性，特别是满足了高新科技企业对电能质量的高要求。专用变电站在其个性化需求的角度设计，接入系统设计标准按照终端站考虑，无法纳入公共电网组网，应急情况下无法通过公网线路进行支援。鉴于历年台风、雷击高发，专用变电站在事故停电情况下存在失电后难以短时间复电的风险。

（2）公用配电网供电可靠性更高。

目前 10 千伏网架结构完善，供电公司可根据某一用户用电需求合理安排备供线路多种供电接线方式，同一段母线可以合理安排接入用户，避免互相影响。供电公司配网线路也配置了快速复电和自愈系统，若发生重大停电事件，可快速从 10 千伏 公用配电网备用线路转电过来恢复企业生产用电。专用变电站专用 10 千伏电网供电，无法与周边专用 10 千伏电网互联互通、互为备用支援，若专用变电站或其 10 千伏电网发生重大停电事件，不能从 10 千伏公用电网备用线路转电过来恢复企业生产用电，将导致企业直接经济损失。

（3）投资建设专用变电站的成本回收期较长。

投资成本高。以深圳某企业为例，项目自建一座 220 千伏 专用变电站（2.5 亿元）及配套外线工程（1 亿元）需借款 3.5 亿元（或占用自有资金），假设借款利率为 5%、按 10 年期等额还本付息，每年将会产生利息费用约 1040 万元。按上述支出测算，通过 220 千伏 与 10 千伏 或 20 千伏 的电价差来收回成本（目前差价为 0.05 元每度），该项目 14 万千瓦每年 24 小时满负荷运行，一年最多节省电费支出 5000 万元，要 9 年左右收回投资成本。需长期承担折旧及运维费用。以此项目为例，采用专用站供电的形式下，企业需承担设备折旧费用和设备运维费用 1367 万元每年。

（4）专用变电站造成社会公共资源利用率低。

深圳土地面积仅为北京的 1/8、上海的 1/3、广州的 1/4，土地资源极为稀缺，电力负荷密度全国最高，度电 GDP 全国最高，且深圳高新技术、金融、高端服务企业云集，经济一边以"深圳速度"发展、企业一边又对电能质量提出了很高要求。在此严苛条件下，深圳统筹宝贵的站址、线路走廊及电网间隔资源，优先以公共电网保障企业及周边负荷增长需求，做到全社会效益最大化。

（5）供电公司建设公用变电站响应更快速。

变电站建设是专业性较强的系统性工作，涉及前期、设计、物资、施工、并网等一系列工作流程。供电公司在建设变电站方面有着丰富经验，经过多年探索，已经具备一整套可复用的输变电工程标准设计、标准物资、标准建设的流程。供电公司建设变电站在技术标准、施工规范、质量管控方面有成熟的体系及实践经验。有成熟可靠的供应商与承包商可以直接承担，使得整个建设周期更短、建设质量更可靠。

103　用户自建专用变电站为什么只能作为终端变电站

答：根据《供电营业规则（2024）》第七条规定，用户需要的电压等级在110千伏以上时，其受电装置应当作为终端变电站设计。

104　用户专用站并网需要什么材料

答：以深圳供电企业为例，并网前三个月，用户需提交调度协议签订申请及工程项目资料（项目工程核准资料、电网接入方案审查意见及电气主结线图、主要设备参数、联网方式、继电保护和安全自动装置、调度自动化及通信设备、负荷特性曲线、现场运行规程、操作细则、主要设备说明书等技术资料）。

105　变电站建设需要获得哪些支持性文件

答：以深圳为例，需环境影响评价、水土保持方案、节能评估、规划选址评估、土地利用总体规划调整、规划选址评估、重大项目社会稳定风险评估、地质灾害危险性评估、地震安全性评估、矿产压覆报告、文物勘探报告、社会稳定评估等。

106　变电站工程项目开工需具备哪些条件

答：以深圳供电企业为例，包括：

（1）项目已核准批复；

（2）项目已列入公司年度固定资产投资计划；

（3）工程的监理、施工单位已确定，合同已经签订；

（4）开工所需的施工图已经评审；项目按规定办理了质量监督申报手续；

（5）变电站工程"三通一平"、送电工程线路复测等建设准备工作已完成；

（6）项目开工需要的主要设备和材料已经订货，所需建筑材料已落实来源和运输条件；

（7）国家和地方政府要求项目开工前必须办理的行政许可手续（取得项目用地、施工报建等相关合法性文件，办理征地及拆迁、移民、青苗补偿、林地占用、树木砍伐等相关手续）已办理完成。

107　变电站建设需要多长时间

答：以深圳供电企业为例，正常情况下，220千伏变电站建设工期由37个月，110千伏变电站建设工期由33个月。

主网输变电工程推进过程严重依赖政府审批进度以及政府部门的重视程度。还存在选址选线、用地用林、占道挖掘、河道使用等相关各种前期手续环节多、周期长、办理难，输变电工程的勘察设计、设备采购、工程建设周期长等问题，业扩配套实施路径方案审批难等问题。

108 高压线的安全距离是多少

答：根据《电力设施保护条例》电力线路保护区分为架空电力线路、电力电缆线路保护区，该条例对一般地区各级电压导线的边线延伸距离做了具体说明。

架空电力线路保护区：导线边线向外侧延伸所形成的两平行线内的区域，在一般地区各级电压导线的边线延伸距离如下：

电压等级	距离
1～10 千伏	5 米
35～110 千伏	10 米
154～330 千伏	15 米
500 千伏	20 米

在厂矿、城镇等人口密集地区，架空电力线路保护区的区域可略小于上述规定，但各级电压导线边线延伸的距离，不应小于导线边线在最大计算弧垂及最大计算风偏后的水平距离和风偏后距建筑物的安全距离之和。

电力电缆线路保护区：地下电缆为线路两侧各零点七五米所形成的两平行线内的区域；海底电缆一般为线路两侧各二海里（港内为两侧各一百米），江河电缆一般不小于线路两侧各一百米（中、小河流一般不小于各五十米）所形成的两平行线内的水域。

（二）配网建设

109　调度停电申请需要提前几天

答： 以深圳供电企业为例，至少提前 7 天预约申请且最长不超过 14 天的停电机制，仅适用于市政工程、客户项目停电、备用开关并网，但此类停电可不用纳入年（月）度综合停电计划。

110　如何区分临时用电和永久用电的投资界面

答： （1）临时用电的定义是除因电网规划必须的情况以外，供电企业的业扩工程投资界面原则上不延伸至客户规划用电区域红线范围内（低压客户除外）。

（2）永久用电的定义是供电企业的业扩工程投资界面应延伸至客户规划用电区域红线范围内。

111　如何认定为重要电力用户

答： 根据《中华人民共和国电力法》《电力供应与使用条例》《重要电力用户供电电源及自备应急电源配置技术规范》，重要电力用户是指在国家、省或者本市的社会、政治、经济生活中占有重要地位，对其中断供电将可能造成人身伤亡、较大环境污染、较大政治影响、较大经济损失、社会公共秩序严重混乱的本市电网企业供电范围的用电单位或者对供电可靠性有特殊要求的用电场所。

重要电力用户名单的确定程序，需由市级电力主管部门组织供电企业和用户统一开展，按照用户申请、供电企业认定、电力主管部门核准的流程，采取一次认定，每年审核新增和变更的重要电力用户进行。

112　供电设备维护分界点在哪里

答： 根据《供电营业规则（2024）》第五十条规定，供电设施的运行维护管理范围，按照产权归属确定。产权归属不明确的，责任分界点按照下列各项确定：

（1）公用低压线路供电的，以电能表前的供电接户线用户端最后支持物为分界点，支持物属供电企业；

（2）10（6、20）千伏以下公用高压线路供电的，以用户厂界外或配电室前的第一断路器或第一支持物为分界点，第一断路器或第一支持物属供电企业；

（3）35千伏以上公用高压线路供电的，以用户厂界外或用户变电站外第一基电杆为分界点，第一基电杆属供电企业；

（4）采用电缆供电的，本着便于维护管理的原则，分界点由供电企业与用户协商确定；

（5）产权属于用户且由用户运行维护的线路，以公用线路分支杆或专用线路接引的公用变电站外第一基电杆为分界点，专用线路第一基电杆属用户。

在电气上的具体分界点，由供用双方协商确定。

（三）迁改扩建

113　电力迁改需要什么资料

答： 以深圳供电企业为例，办理迁改需要的资料。

（1）迁改申请正式公函。

（2）标注线路位置的迁改需求单位建设项目红线图。

（3）迁改需求单位建设工程有关证明文件，具体要求如下：

迁改需求单位申请迁改 500、400 千伏输电设施，原则上需提供省级及以上政府部门对迁改需求单位主体建设项目的建设批文或函件、会议纪要等有关支持性文件；

迁改需求单位申请迁改 220 千伏输电设施，原则上需提供市级及以上政府部门对迁改需求单位主体建设项目的建设批文或函件、会议纪要等支持性文件；

迁改需求单位申请迁改 110 千伏输电设施，原则上需提供区级及以上政府部门对迁改需求单位主体建设项目的建设批文或函件、会议纪要等支持性文件；

迁改需求单位申请迁改 20 千伏及以下配电设施，原则上需提供区级及以上政府部门对迁改需求单位主体建设项目的建设批文或函件、会议纪要等支持性文件。

114　如何补偿电力迁改

答： 迁改需求单位对被迁改资产重置价值及功能进行的补偿，以及其他引起电网风险管控措施投入、迁改后线路运维成本增加、停电或错峰造成运营损失、物资品控费用、综合管廊入廊费用等补偿。迁改补偿的方式分为实物补偿和资金补偿两种。

（1）取费标准：执行现行的电网技术改造工程预算编制与计算规定；执行《转发电力工程计价依据营业税改增值税估价表的通知》（粤电定〔2017〕3号）及其他相关文件和工程所在地电网公司的最新规定。

（2）定额执行：2015年版电网技术改造工程预算定额估价表、2015年版电网拆除工程预算定额估价表和2015年版电网检修工程预算定额估价表，不足部分参考2013年版电力建设工程定额估价表，10kV配电网不足部分参考2016年版20kV及以下配电网定额估价表。电力定额未涉及部分执行其他专业定额。上述定额如有版本更迭，执行最新版本。

（3）设备及主要材料价格按以下方式作为参考价进行核定：

按供电企业公布的信息价，由委托方按照受托方提供的技术标准，向供电企业中标单位询价的价格。

（4）定额人工费、材料和施工机械费价差调整执行最新标准。

（5）建筑材料价差按项目所在地工程造价信息网公布的最新信息价计调整价差。

（6）技改定额和取费标准未包含部分，参照中国电力企业联合会、电力工程造价与定额管理总站、广东省电力建设定额站同时期的相关文件及国家、省、市或其他行业定额执行。

（7）措施费：不包括跨越高速铁路、高速公路、一级公路、通航河流。

五

电力小百科

- 1. 电是什么
- 2. 交流电与直流电的区别
- 3. 电压是什么
- 4. 电流是什么
- 5. 有功功率是什么
- 6. 无功功率是什么
- 7. 电力系统是什么
- 8. 我国电压等级
- 9. 电力网的组成及功能
- 10. 电力现货市场是什么
- 11. 双碳是什么
- 12. 碳交易是什么
- 13. 虚拟电厂是什么

1. 电是什么

电是一种自然现象。电是像电子和质子这样的亚原子粒子之间产生排斥和吸引力的一种属性。它是自然界四种基本相互作用之一。电是一种重要的能源，广泛用于生产和生活，可以发光、发热、产生动力等。

对于电力系统而言，电是从发电厂生产出来的，它沿着电线流动，历经升压和降压最终进入千家万户。过程中需要使用两种电力设备，分别是负责输送高压电的电线，和可以升降电压的变压器。

如果把输电线路比喻成高速公路，变压器就相当于高速公路的交流道。车辆在上高速公路前须在交流道先行加速，同理，电厂发出的电要先经过变压器升高电压才可大量快速地输送。而车辆要进入市区，必须下交流道减速慢行，再驶向大街小巷，同样的，高压电须经过变压器把电压降低到客户可使用的电压等级，再分送到千家万户。

2. 交流电与直流电的区别

主要区别是电流的方向与大小不同。

直流电的大小和方向都不随时间变化的电流，又称恒定电流。所通过的电路称直流电路，是由直流电源和电阻构成的闭合导电回路。交流电的方向和强度（大小）做周期性变化。

3. 电压是什么

电压也被称作电势差或电位差，是衡量单位电荷在静电场中由于电势不同所产生的能量差的物理量。电压在某点至另一点的大小等于单位正电荷因受电场力作用从某点移动到另一点所做的功，电压的方向规定为从高电位指向低电位的方向。电压是推动自由电荷定向移动形成电流的原因，电流之所以能够在导线中流动，也是因为在电流中有着高电势和低电势之间的差别，这种差别叫电势差，也叫电压。在电路中，电压常用U表示，单位是伏特（V）。

4. 电流是什么

电流是指电荷的定向移动。

电流的大小称为电流强度（简称电流，符号为I），是指单位时间内通过导线某一截面的电荷量，每秒通过1库仑的电量为1安培（A）。

5. 有功功率是什么

有功功率，又叫平均功率。交流电的瞬时功率不是一个恒定值，功率在一个周期内的平均值叫做有功功率，它是指在电路中电阻部分所消耗的功率，以字母P表示，单位瓦特。

6. 无功功率是什么

无功功率，在具有电感和电容的电路里，储能元件在半周期的时间里把电源能量变成磁场（或电场）的能量存起来，在另半周期的时间里对已存的磁场（或电场）能量送还给电源。它们只是与电源进行能量交换，并没有真正消耗能量。把与电源交换能量的速率的振幅值叫做无功功率。用字母 Q 表示，单位为乏。

7. 电力系统是什么

发电厂把各种形式的能量转换成电能，电能经过变压器和不同电压的输电线路输送并被分配给用户，再通过各种用电设备转换成适合用户需要的各种能量。由发电、输电、变电、配电、用电设备及相应的辅助系统组成的电能生产、输送、分配和使用的统一整体称为电力系统。

8. 我国电压等级

这里的系统是指联结在一个共同的标称电压下工作的导线（线路）和设备的组合。

标称电压：系统被指定的电压。

电气设备额定电压：根据规定的电气设备工作条件，通常由制造厂确定的电压。

系统最高电压：当系统正常运行时，在任何时间、系统中任何一点上所出现的电压最高值，不包括系统的暂态和异常电压，例如系统的操作所引起的暂时和瞬时的电压变化。

设备最高电压：考虑到设备的绝缘性能和与最高电压有关的其他性能（如变压器的磁化电流及电容器的损耗）所确定的最高运行电压。其数值等于所在系统的系统最高电压值。

220-1000（1140）V 的交流电力系统及电力设备的标称电压值或额定电压值见下表：

额定电压值表

三相四线系统或三相三线交流系统标称电压值及电气设备的额定电压值（V）
220/380
380/660
1000/（1140）

3kV 及以上的交流三相系统的标称电压值及电气设备的最高电压值表

系统的标称电压（kV）	电气设备的最高电压（kV）
3	3.6
6	7.2
10	12
-20	-24
35	40.5
66	72.5
110	126（123）
220	252（245）
330	363
500	550
-750	-800
—	1200

注：括号中的数值为用户有要求时使用；电气设备的额定电压可从上表中选取，由产品标称确定。

在电力传输领域，"高压"的概念是不断改变的，鉴于实际研究工作与运行的需要，对电压等级范围的划分，目前通常统一为：

（1）35kV 及以下电压等级称配电电压；

（2）110-220kV 电压等级称高压；

（3）330-500kV 电压等级称超高压；

（4）1000kV 及以上电压等级称特高压。

9. 电力网的组成及功能

  电力网的主要组成部件为发电机、变压器和输配电设备。发电机是将其他形式的能源转换成电能的机械设备，它由水轮机、汽轮机、柴油机或其他动力机械驱动，将水流、气流、燃料燃烧或原子核裂成产生的能量转化为机械能传给发电机，再由发电机转换为电能。变压器是一种常见的电气设备，可用来把某种数值的交变电压变换为同频率的另一数值的交变电压，也可以改变交流电的数值及变换阻抗或改变相位。输配电设备是用来输送电能和分配电能的设备。

10. 电力现货市场是什么

电力现货市场是国家电力体制改革的产物，主要体现在电力价格的市场化实现方式与现货市场实施之前不同。市场化客户还是那些客户，只是价格形成机制与目前不同。电力现货市场的客户电价将随着电力供需形势的变化发生变化，不再是单纯地执行政府制定的目录电价。具体到结算方面：电力现货市场客户与市场化交易客户的区别在于市场化交易客户为月清月结（每月一个价格，以广东省电力交易中心每月出具的清算结算结果为准，每月结算一次），电力现货市场客户为日清月结（每小时一个价格，广东省电力交易中心出具日清算临时结算结果，每月正式结算）。

11. 双碳是什么

2020年9月，习近平主席在第七十五届联合国大会上宣布，中国将提高国家自主贡献力度，采取更加有力的政策和措施，二氧化碳排放力争于2030年前达到峰值，努力争取2060年前实现碳中和。"碳达峰"与"碳中和"一起，简称"双碳"。

所谓"碳达峰"，就是指二氧化碳年总量的排放在某一个时期达到历史最高值，达到峰值之后逐步降低，即碳达峰是二氧化碳排放量由增转降的历史拐点，标志着碳排放与经济发展实现脱钩。达峰目标包括达峰年份和峰值，"碳达峰"时间越早，峰值排放量越低。

"碳中和"，则是指国家、企业、产品、活动或个人在一定时间内直接或间接产生的二氧化碳或温室气体排放总量，通过植树造林、节能减排等形式，以抵消自身产生的二氧化碳或温室气体排放量，实现正负抵消，达到相对"零排放"。

12. 碳交易是什么

根据《碳排放权交易管理办法（试行）》，碳排放是指煤炭、石油、天然气等化石能源燃烧活动和工业生产过程以及土地利用变化与林业等活动产生的温室气体排放，也包括因使用外购的电力和热力等所导致的温室气体排放。

碳排放权是指分配给重点排放单位的规定时期内的碳排放额度，碳排放权的标的称为"核证减排量 CER"，目前作为国际商品，在国内的一级市场由各省发改委进行配额初始发放，分为无偿分配和有偿分配，其中有偿分配以封闭竞价方式进行；二级市场可由控排企业或投资机构进行交易。

我国碳交易分为两类：一类为政府分配给企业的碳排放配额，另一类为核证自愿减排量（CCER）。

第一类，政府主导的配额交易，是政府为完成控排目标采用的一种政策手段，即在一定的空间和时间内，该控排目标转化为碳排放配额并分配给下级政府和企业，若企业实际碳排放量小于政府分配的配额，通过交易多余碳配额，实现碳配额在不同企业的合理分配，最终以相对较低的成本实现控排目标。

第二类，作为补充，在配额市场之外引入自愿减排市场交易（CCER 交易，指控排企业向实施"碳抵消"活动的企业购买可用于抵消自身碳排的核证量）。指对我国境内可再生能源、林业碳汇、甲烷利用等项目的温室气体减排效果进行量化核证，并在国家温室气体自愿减排交易注册登记系统中登记的温室气体减排量。

13. 虚拟电厂是什么

根据国家发改委等部门引发的《电力需求侧管理办法（2023年版）》，虚拟电厂是依托负荷聚合商、售电公司等机构，通过新一代信息通信、系统集成等技术，实现需求侧资源的聚合、协调、优化，形成规模化调节能力支撑电力系统安全运行。

虚拟电厂好比"看不见的电厂"，是一种通过能源互联网技术，把散落在用户端的充电桩、空调、储能等电力负荷整合起来并实现协调优化，以作为特殊电厂参与电网运行和电力市场的电源协调管理系统，既可实现特定时段内的负荷调节，保证电网安全稳定运行，又可削峰填谷，提升电网经济运行水平。

2021年12月，国内首个网地一体虚拟电厂运营管理平台在深圳上线，南方电网总调和深圳供电局调度机构均可直接调度，实现可调节负荷全时段可观、可测、可调，并率先探索了新型电力系统下电力供需深度互动的可持续发展路径。

目前，深圳区域的虚拟电厂已常态化参与电网调节业务，帮助电网在负荷尖峰时段"减轻负担"。据统计，除全量接入电力充储放一张网资源外，该平台还涵盖建筑楼宇、蓄冰站、工业园区等资源，规模达200万千瓦，相当于约40万户家庭的用电报装容量。

未来深圳虚拟电厂管理中心将加快推动分布式光伏、用户侧储能、V2G（新能源汽车与电网能量互动）等分布式能源接入虚拟电厂集中管理；探索开展分布式能源市场化交易平台建设、运营和管理；研究分布式能源交易及消纳量的核算、监测和认证；配合开展绿电交易业务，并提供相关服务等工作。预计到2025年，深圳将建成具备100万千瓦级可调节能力的虚拟电厂，逐步形成年度最大负荷5%左右的稳定调节能力。

结 语

本书由南方电网深圳供电局有限公司（以下简称"深圳供电局"）编写，旨在为广大电力用户及电力一线员工提供电力知识科普及解答，本书涉及管理内容参照国家、电力行业、南方电网公司的相关标准和规定执行（2024年4月30日前），如有出入，以现有相关法律规范为准。

本书最终解释权归深圳供电局所有，严禁将本书用于任何形式的商业用途。

我们将始终立足于"人民至上"，将"国之大者"铭于心践于行，牢牢把握总书记、党中央赋予能源央企的职责使命，积极融入服务业新体系构建现代供电服务标杆，服务经济社会及新时代能源高质量发展，为人民群众追求美好生活提供坚强可靠的电力保障。

本书的出版离不开南方电网有限责任公司的指导，离不开深圳市政府的大力支持。感谢《电力客户热点问题100问》编辑委员会在本书出版过程中的辛勤付出，感谢中国电力出版社对本书文字及图片认真细致的校对。本书不足之处，欢迎广大专家和读者不吝指正。

参考文献

[1]《供电营业规则》
[2]《国家发展改革委、国家能源局关于全面提升"获得电力"服务水平持续优化用电营商环境的意见》(发改能源规〔2020〕1479号)
[3]《深圳市关于印发优化水电气报装流程改革实施方案的知》(深府办〔2019〕6号)
[4] 粤发改价格函〔2017〕5068号
[5]《电力供应与使用条例》
[6] 深供电市场〔2015〕21号文
[7]《深圳经济特区居民生活用水电燃气价格管理若干规定》
[8]《深圳市加强居民生活用水电燃气价格管理实施方案》
[9]《关于居民阶梯电价"一户多人口"政策有关事项的通知》(粤发改价格函〔2021〕826号)
[10]《关于进一步完善居民阶梯电价"一户多人口"政策有关事项的通知》(粤发改价格函〔2023〕553号)
[11]《关于我省居民生活用电试行阶梯电价有关问题的通知》(粤价〔2012〕135号)
[12]《广东省发展改革委关于特困人员家庭纳入享受居民免费电量政策范围问题的复函》(粤发改价格函〔2019〕4021号)
[13]《关于对我市低收入群众水、电、燃气费用实行优惠的通知》(深民〔2020〕87号)
[14]《关于执行居民阶梯电价有关问题的通知》(粤价〔2012〕146号)
[15]《国家发展改革委关于进一步完善分时电价机制的通知》(发改价格〔2021〕1093号)
[16]《关于进一步完善我省峰谷分时电价政策有关问题的通知》(粤发改价格〔2021〕331号)
[17]《深圳市发展和改革委员会关于进一步完善我市峰谷分时电价政策有关问题的通知》(深发改〔2021〕1005号)
[18]《关于调整电价问题的补充通知》(深价〔1999〕190号)
[19]《关于第三监管周期省级电网输配电价及有关事项的通知》(发改价格〔2023〕526号)
[20]《广东省发展改革委转发国家发展改革委关于第三监管周期省级电网输配电价及有关事项的通知》(粤发改价格〔2023〕148号)
[21] 水电部(83)水电财字215号文
[22]《深圳市发展和改革委员会关于对我市商务类公寓及商业类用房转租赁用房等用电价格有关问题的通知》
[23]《关于进一步深化燃煤发电上网电价市场化改革的通知》(发改价格〔2021〕1439号)
[24]《国家发展改革委办公厅关于组织开展电网企业代理购电工作有关事项的通知》(发改办价格〔2021〕809号)

[25]《广东省发展改革委关于进一步深化我省电价改革有关问题的通知》(粤发改价格〔2021〕402号)

[26]《供电服务监管办法》

[27]《电力设施保护条例》

[28]《关于广东省市场化需求响应相关事项的通知》(广东交易〔2023〕93号)

[29]《国家发展改革委办公厅国家能源局综合司关于推进新型电力负荷管理系统建设的通知》(发改办运行〔2022〕471号)

[30]《广东省能源局关于做好新型电力负荷管理系统建设有关工作的通知》(粤能电力函〔2023〕142号)

[31]《广东省定价目录(2018年版)》

[32]《国家发展改革委等部门关于进一步提升电动汽车充电基础设施服务保障能力的实施意见》(发改能源规〔2022〕53号)

[33]《深圳市新能源汽车充换电设施管理办法》的通知(深发改规〔2023〕10号)

[34]《关于转发广东省发展改革委关于我省新能源汽车用电价格有关问题的通知》(深发改〔2018〕791号)

[35]《广东省发展改革委关于降低我省燃煤发电企业上网电价有关问题的通知》(粤发改价格〔2015〕180号)

[36]《国家发展改革委关于降低燃煤发电上网电价和一般工商业用电价格的通知》(发改价格〔2015〕3105号)

[37]《广东省发展改革委广东省能源局关于印发广东省促进新型储能电站发展若干措施的通知》(粤发改能源函〔2023〕684号文)

[38]《深圳"十四五"智能电网规划》

[39]《深圳市电力设施及高压走廊专项规划》

[40]《电力工程计价依据营业税改增值税估价表的通知》(粤电定〔2017〕3号)